Cyffesion Saesnes yng Nghymru

# Cyffesion Saesnes yng Nghymru

## Sarah Reynolds

atebol

**I Geraint Huw**

*Cariad pur sydd fel y dur*
*Yn para tra bo dau.*

Diolch i'r golygydd, Sioned Lleinau, am ei gwaith dyfal a'i brwdfrydedd.

Diolch i Heulwen Davies a staff Atebol am roi'r cyfle i fi ysgrifennu'r llyfr hwn ac am eu gwaith trylwyr wrth ei ddanfon allan i'r byd.

Diolch yn bennaf i'm Cymro, Geraint Huw, am ei gariad
a chefnogaeth ddi-ffael.

Cyhoeddwyd gyntaf yng Nghymru yn 2018 gan Atebol, Adeiladau'r Fagwyr, Llandre, Aberystwyth, Ceredigion, SY24 5AQ
www.atebol.com

ISBN 9781912261284

Dymuna'r cyhoeddwyr gydnabod cymorth ariannol Cyngor Llyfrau Cymru.
Argraffwyd a rhwymwyd yng Nghymru.

# 1

# Croeso i Gymru

Ro'n i'n siŵr iawn o gyfeiriad fy mywyd, nes torrodd y *sat nav* ... yn llythrennol. Ro'n i'n bump ar hugain oed, yn joio bywyd fel cynhyrchydd teledu. Ie, bywyd – nid gyrfa – achos mai fy ngwaith oedd fy mywyd. Doedd dim ots 'da fi am hynny ar y pryd. Ro'n i'n joio fy hun yn teithio'r byd yn ffilmio'r rhaglen ddêtio, *Holiday Romance*. Dim fi oedd *i fod* i syrthio mewn cariad, cofia – fi oedd i fod i wneud yn siŵr bod pobl eraill yn syrthio mewn cariad. Fi oedd i fod i drefnu popeth er mwyn creu rhamant: lleoliad moethus, digon o haul, a digon o goctels i gadw'r sgwrs i lifo. A phan fyddai'r cwpwl lwcus yn syrthio mewn cariad, fi fyddai yno i recordio popeth ar gyfer y gwylwyr gartre. Dyna sut ffeindiais i fy hun hanner ffordd i fyny mynydd yn Sbaen, gyda Chymro golygus wrth fy ochr. Ro'n i *i fod* i yrru Dylan i gwrdd â menyw ei freuddwydion – Amy o Essex – a hithau'n aros amdano fe mewn gwesty moethus ar ben y mynydd.

'Turn left here,' meddai'r *sat nav*, a wir i ti, dyna pryd aeth popeth o chwith. Yn lle gyrru Dylan i gwrdd ag Amy o Essex, fe lwyddais i i'w yrru dros glogwyn, i lawr ochr y mynydd ac i mewn i goeden. Mae'n

---

**cynhyrchydd** – *producer*

**gyrfa** – *career*

**lleoliad** – *location*

**moethus** – *luxurious*

**clogwyn** – *cliff*

wyrth nad oedd un ohonon ni wedi cael dolur. Fe gymerodd oes i'r gwasanaethau achub gyrraedd … oriau hir i ni gael dod i nabod ein gilydd yn well. Er gwaethaf ein sefyllfa, ro'n ni'n siarad ac yn chwerthin yn hapus fel tasen ni mewn lolfa goctels yn hytrach nag mewn clawdd. Erbyn i'r criw achub gyrraedd, do'n ni wir ddim eisiau cael ein hachub.

Ro'n i'n torri'r rheolau i gyd. Roedd fy mòs i'n wyllt gacwn a chollais fy swydd … ond dyna fe, ro'n i wedi cipio calon Dylan. Bargen deg, os ga i ddweud.

Paid â chamddeall nawr – dw i ddim yn berson byrbwyll. Fel arfer dw i'n berson call iawn – y math o berson sydd bob amser yn defnyddio mat diod, y math o berson sy'n cynllunio gwyliau ar ddogfen Excel. Ond rhaid bod rhywbeth yn y dŵr Sbaenaidd oherwydd bedair wythnos yn ddiweddarach, dyma fi'n priodi Dylan ar draeth yn Sbaen, yn dweud ta-ta wrth fy mywyd yn Llundain, ac yn symud … i Gymru.

*  *  *

"Co fe!' meddai Dylan, gan bwyntio at arwydd brown wrth ochr y draffordd: 'Croeso i Gymru.'

'What does that mean?' holais i.

A dyma fy nghyffes gyntaf, ddarllenydd: nid yn unig do'n i ddim yn siarad gair o Gymraeg ar y pryd, do'n i *erioed* wedi bod i Gymru. Yn waeth fyth – a ti'n mynd i 'nghasáu i am hyn – cyn i fi gwrdd â Dylan, do'n i ddim hyd yn oed yn gwybod bod yr iaith Gymraeg yn bodoli!

Roedd Dylan yn meddwl mai tynnu'i goes e o'n i – 'nôl ar waelod y

| | |
|---|---|
| **gwyrth** – *miracle* | **byrbwyll** – *impetuous, rash* |
| **gwyllt gacwn** – *furious* | **cyffes** – *confession* |
| **bargen deg** – *a fair bargain* | **bodoli** – *to exist* |

clogwyn yn Sbaen – pan wedes i,

'Ond dyw hi ddim yn iaith fyw, na'di hi?'

Roedd e'n meddwl mai bod yn ddoniol o'n i, oherwydd doedd hi ddim yn bosib i Saesnes addysgedig, oedd wedi teithio'r byd, beidio â gwybod am yr iaith hynaf ym Mhrydain. Oedd hi?

'Ti *yn* jocan, on'd wyt ti, Katie?' dwedodd Dylan, a dyma fi'n piffian chwerthin,

'Pha! Wrth gwrs 'mod i'n jocan! Wrth gwrs 'mod i'n gwybod am yr iaith Gymraeg ...'

A'r cyfle cyntaf ges i, dyma fi'n darllen popeth am y Gymraeg ar Wikipedia. Ta beth, dw i'n crwydro. Nawr, ble o'n i? Ar yr M4. Yn gyrru i 'nghartre newydd. Trodd Dylan at Radio Cymru a dyma fi'n cael fy mlas cyntaf o gerddoriaeth Gymraeg:

'Mawredd mawr, 'steddwch i lawr, mae rhywun wedi dwyn fy nhrwyn ...'

Wir i ti, pan gyfieithodd Dylan y geiriau i fi, edrychais yn hurt arno fe.

'Wyt ti'n siŵr dy fod ti wedi cyfieithu'n gywir?' mentrais.

Gweiddi chwerthin wnaeth Dylan a dechrau cydganu â'r gân ar y radio. Chwarae teg, roedd hi'n alaw eitha bachog a chyn pen dim, ro'n i'n cydganu hefyd. Meddwl wnes i, os oedd y Beatles yn gallu canu am ardd octopws, pam na ddylai'r Tebot Piws ganu am leidr trwyn?

Trodd Dylan ataf gan wenu.

'Bron â bod adre ... wyt ti'n barod i gwrdd â 'nheulu i am y tro cyntaf?' holodd e.

Ro'n i ar bigau'r drain.

---

**piffian chwerthin** – *to giggle*

**bachog** – *catchy*

**ar bigau'r drain** – *on tenterhooks*

'Ffaelu aros,' atebais.

'Paid â becso dim,' meddai, 'maen nhw'n mynd i dy garu di.'

*Wel, allai eu hymateb nhw ddim bod yn waeth nag ymateb fy rhieni i,* meddyliais. Roedd geiriau Mam yn atseinio yn fy mhen o hyd:

'Married? Are you out of your mind? You've only known the chap one month!'

'Dw i'n ffaelu aros i ti weld y tŷ,' meddai Dylan.

Roedd e wedi disgrifio'r tŷ lle ro'n ni'n mynd i fyw, yng nghanol dyffryn Tywi, yn fanwl. Cynlluniodd Dylan yr adeilad ei hunan ac roedd y gwaith adeiladu wedi dechrau ymhell cyn iddo fe gwrdd â fi. Erbyn i ni gyrraedd 'nôl o Sbaen, roedd Dylan yn disgwyl mai dim ond rhoi sglein ar y tŷ gorffenedig fyddai eisiau ar yr adeiladwyr: pum stafell wely, dwy stafell molchi, cegin agored anferth a ffenest do yn y stafell fyw, lle bydden ni'n dau'n gallu cwtsio lan o flaen y tân a gwylio'r sêr. Roedd y cyfan yn mynd i fod yn berffaith.

Ond, wrth i ni droi'r gornel ola a gyrru lan lôn hir, fwdlyd, trodd wyneb Dylan yn welw.

'Be? Be sy'n bod?' holais.

Wedyn, dyma fi'n gweld: safle adeiladu. Tŷ wedi hanner ei godi, a hynny braidd yn anniben, a darnau o bren yn sticio mas fel nyth brân o'r to.

'Myn yffach i!' gwaeddodd Dylan. A dyna sut ddysgais i sut i regi gyntaf yn Gymraeg! Fe ddwedodd e lawer o eiriau eraill hefyd, ond roedd y rheiny'n fwy cyfarwydd ac yn Eingl-Sacsonaidd!

Arhosais yn y car, yn gwylio Dylan yn brasgamu tuag at y tŷ. Doedd dim golwg o'r adeiladwyr, ond pan ddechreuodd Dylan weiddi i mewn i'w ffôn

---

| | |
|---|---|
| **atseinio** – *to echo* | **myn yffach i!** – *an exclamation* |
| **gwelw** – *pale* | **Eingl-Sacsonaidd** – *Anglo-Saxon* |
| **anniben** – *untidy* | **brasgamu** – *to stride* |

symudol, tybiais mai nhw oedd yn derbyn yr alwad.

Daeth Dylan 'nôl i'r car â chalon drom.

'Dw i mor flin, Katie ...' meddai, 'dw i ddim yn gwybod be ddigwyddodd ... roedd y tŷ i fod wedi'i orffen.'

'Paid â phoeni,' atebais i, 'does dim ots 'da fi am y tŷ. Does dim ots ble ni'n byw, jyst ein bod ni gyda'n gilydd.'

Byddai'n rhaid i fi atgoffa fy hunan o'r geiriau hynny dros y misoedd nesaf ... a difaru pob un ohonyn nhw.

---

**difaru** – *to regret*

# 2

# Syrpréis!

Dw i wastad wedi hoffi'r syniad o 'ngŵr golygus yn fy nghario i dros drothwy ein cartre newydd, ac er nad hwn oedd ein cartre ni'n dau, do'n ni ddim wir yn ddigalon. Doedd dim amdani felly ond mynd i fyny'r lôn i ffermdy Plas Mawr, sef cartre teulu Dylan. Chwarae teg iddo, gwnaeth Dylan ei orau glas i 'nghodi i yn ei freichiau wedi i ni gyrraedd, ond dw i ddim y person mwyaf twt yn y byd chwaith a phan agorodd y drws, bu bron iddo fe fy ngollwng i. Dyna pryd y daeth bloedd o gegin y ffermdy:

'Syrpréis!'

Edrychais lan i weld torf ddieithr yn syllu arna i ... a phob un yn perthyn i fi. Do'n i erioed wedi'u gweld nhw o'r blaen, ond do'n i erioed wedi derbyn y fath groeso. Roedd pawb yn hyfryd. Roedd pawb yn gynnes a phawb wedi dod i Blas Mawr i weld Dylan a fi, y pâr oedd newydd briodi. Ges i gusan gan fenyw fach dwt yn ei chwedegau – Nansi, fy mam-yng-nghyfraith, mae'n debyg. Siglo llaw wnaeth ei gŵr, dyn â gwallt gwyn, ac wedyn, ces fy nghyflwyno i res o fodrybedd, ewythrod a chefndryd. Roedd pawb yn siarad fel melinau gwynt a finnau ddim yn gallu deall yr un gair. O'r diwedd, cymerodd tad Dylan drueni drosta i, gan droi i siarad Saesneg:

---

**trothwy** – *threshold*

**dieithr** – *strange*

**modrybedd** – *aunts*

**ewythrod** – *uncles*

**cefndryd** – *cousins*

'Welcome to the family!' meddai.

Roedd pawb eisiau clywed fy hanes i a Dylan.

'Corwynt o gariad!' oedd geiriau cyntaf Nansi. 'Dyna ramantus!' Yna'r gic, 'Ond bydd rhaid i chi briodi eto, cofiwch, yn deidi y tro 'ma – yn y capel, fel ei fod yn cyfri.'

Ro'n i'n disgwyl hyn; wnaeth Dylan fy rhybuddio i pan o'n ni yn Sbaen. Dweud wnaeth e y basai ei dad yn siŵr o fod eisiau bendithio'r briodas neu rywbeth, ac yntau'n weinidog yn y capel lleol.

'Mae'n iawn, Nansi,' atebais i gan wenu.

'O, galw fi'n "Mam",' meddai hi.

Ymhlith y llu oedd wedi dod i ddymuno'n dda i ni, roedd un wyneb oedd ddim yn edrych yn bles. A hithau mor debyg i Dylan, dyma fi'n tybio mai Celyn, ei chwaer, oedd hi. Ro'n i wedi bod yn edrych 'mlaen at gwrdd â hi, ond o'r olwg amheus ar ei hwyneb, doedd hithau ddim yr un mor gyffrous i 'nghyfarfod i.

Aeth y parti bach ymlaen am ryw awr ac ar ôl i bawb arall ffarwelio â ni, dyma ni'n eistedd i lawr wrth ford y gegin i gael swper: fi, Dylan, Nansi ac Elfed (sef tad Dylan), Celyn a'i mab hi, Siôn.

'Wyt ti'n hoffi'r cawl, Katie?' holodd Nansi.

'Mae'n hyfryd, diolch,' atebais i, gan geisio osgoi'r darnau cig oen oedd yn arnofio yn fy mhowlen. Doedd gen i 'mo'r galon i gyffesu 'mod i'n llysieuwraig.

'Beth yw eich cynlluniau fory?' holodd Elfed.

'Gorffen symud i mewn,' atebais wrth gofio'r pentwr mawr o 'mhethau i oedd yn dal yn y car. 'Dw i'n edrych 'mlaen hefyd at weld lle mae Dylan

---

**corwynt** – *hurricane*

**bendithio** – *to bless*

**amheus** – *suspicious*

yn rhedeg ei fusnes.'

Buodd Celyn bron â thagu bryd hynny.

'Beth yn union mae fy mrawd wedi gweud wrthot ti am y busnes *teuluol*, Katie?'

'Wel, dw i'n gwybod eich bod chi'n arfer ffermio. Dw i'n gwybod hefyd bod gyda chi ffynnon ddŵr naturiol ar y tir ... a'ch bod chi bellach yn potelu'r dŵr yma mewn ffatri ym Mhlas Mawr ... ac mai Dylan sy'n rhedeg y cwmni.'

'O, Dylan sy'n rhedeg y cwmni, ife?' wfftiodd Celyn.

Edrychodd Dylan yn lletchwith wedyn.

'Hynny yw ... do'n i ddim ... wedes i ddim ...'

'Gad i fi egluro cwpwl o bethau i ti, Katie, cyn i ti feddwl dy fod ti wedi priodi craig o arian: *ni'n dau* sy'n berchen ar y busnes a *ni'n dau* sy'n rheolwyr arno. A dw i'n blydi gobeithio dy fod ti, Dylan, y twpsyn, wedi trefnu cytundeb cynbriodasol cyn i ti briodi dieithryn llwyr!'

Dechreuodd dadl stormus wedyn, y ddau ohonyn nhw'n rhuo fel ci a chath. Doedd dim clem 'da fi beth roedd Celyn yn ei ddweud ond ro'n i'n deall yn iawn fod ei geiriau'n rhai chwerw. Ceisio tawelu'r sefyllfa wnaeth Elfed a Nansi ond dw i'n synhwyro eu bod nhw ar ochr Dylan, yn fy amddiffyn i.

*Digon yw digon*, meddyliais i. Felly, dyma fi'n dweud:

'Do you think you could all speak in English please, I can't understand a word you're saying!'

Saib. Tawelwch lletchwith. Edrychodd pawb arna i'n hurt, fel tasen i wedi cachu yng nghanol y ford. Dim ond Celyn oedd yn edrych yn smyg,

---

| | |
|---|---|
| **tagu** – *to choke* | **craig o arian** – *a rich person* (*lit. a rock of money*) |
| **wfftio** – *to dismiss* | |
| **lletchwith** – *awkward* | **cytundeb cynbriodasol** – *prenuptial agreement* |

â rhyw wên fach 'Mi ddwedais i, on'd do?' ar ei hwyneb.

'Be?' mentrais. 'Be sy'n bod ar bawb?'

Roedd golwg siomedig yn llygaid Dylan, ac roedd hynny'n waeth na'i weld e'n grac.

'Katie fach, dyma ein cartre ni,' dechreuodd esbonio, 'os nad y'n ni'n gallu siarad ein mamiaith fan hyn, lle gallwn ni ei siarad hi?'

'Ond mae'n anfoesgar ... dw i ddim yn gallu deall be chi'n gweud.'

'Typical Saesnes,' meddai Celyn, 'disgwyl i'r byd droi o'i hamgylch ...'

Gwgodd Dylan arni cyn troi 'nôl ata i yn amyneddgar.

'Ond Katie fach, do't ti ddim yn deall beth oedd y trigolion yn gweud pan o'n ni yn Sbaen chwaith.'

'Ond mae hynny'n wahanol ...'

'Pam?'

'O'n ni yn Sbaen! Wrth gwrs bod nhw'n siarad Sbaeneg yn Sbaen ... ond nawr, ni yn ...'

'Ni yng Nghymru,' meddai Celyn yn uchel, cyn troi ar ei sawdl a brasgamu mas o'r stafell a Siôn wrth ei chwt.

Ro'n i wedi llwyddo i sathru ar gyrn pawb yn y tŷ. Roedd y parti ar ben a diflannodd pawb i'r gwely. Sleifiais allan i'r car i ffonio Mam. Fel arfer Mam yw'r person ola fydda i'n ei ffonio mewn argyfwng, ond rywsut, roedd angen clywed llais cyfarwydd arna i.

'Wel, alla i ddim gweud 'mod i'n synnu, *poppet*. Beth yn y byd wyt ti'n ddisgwyl os wyt ti'n priodi rhywun ti ond 'di'i nabod ers pum munud?'

'Ond briododd Dad a ti'n sydyn ...'

'Roedd hynny'n wahanol. Y saithdegau oedd hynny ac roedd ein

---

| | |
|---|---|
| **anfoesgar** – *rude* | **troi ar ei sawdl** – *to turn around* |
| **gwgu** – *to scowl, to frown* | **sathru ar gyrn** – *to upset* |
| **trigolion** – *inhabitants* | **sleifio** – *to sneak* |

disgwyliadau ni'n isel. Mae'n wahanol i ti. Mae gyda ti gymaint i'w golli: gyrfa lwyddiannus ... cariad cyfoethog ac enwog ...'

'Cyn-gariad, Mam,' wnes i ei hatgoffa hi, 'a hwnnw'n anffyddlon.'

'Dyw hi ddim yn rhy hwyr i ti ddod adre, *poppet*. Wedwn ni wrth bawb mai mynd yn wallgo am ychydig wnest ti – problem â dy nerfau. Mae'n eitha cyffredin, ti'n gwybod. Aeth merch Lillian Shillingworth yn wallgo llynedd. Gadael ei gŵr a'i phlant a throi'n ...' a dyma hi'n dweud yn dawel bach, '... ffeminist! Mae hi wedi dod dros y pwl nawr, diolch byth.'

'Ond dw i ddim yn mynd o 'ngho,' atebais. 'Mewn cariad ydw i!'

Erbyn i fi fynd i'r gwely'r noson honno, roedd Dylan yn chwyrnu'n barod, ei freichiau ar agor led y fatres fel seren fôr. Edrychais rownd stafell wely ei blentyndod: tlysau rygbi, a chasgliad o ffotos a phoster o ryw fand o'r enw Eden – do'n i erioed wedi clywed amdanyn nhw.

Gwasgais fy hunan i mewn i'r gwely sengl ar bwys fy ngŵr.

'Dylan?' sibrydais. 'Wyt ti ar ddihun?'

Ochneidiodd yn ei gwsg. Wedyn trodd drosodd a tharo rhech.

Doedd bosib fod Mam yn iawn. Doedd bosib 'mod i wedi gwneud camgymeriad mwya 'mywyd?

---

**cyn-gariad** – *ex-partner*

**anffyddlon** – *unfaithful*

**chwyrnu** – *to snore, to growl*

**plentyndod** – *childhood*

**tlysau** – *trophies, awards*

**ochneidio** – *to sigh*

**taro rhech** – *to fart*

# 3

# Pwy yw Owain Glyndŵr?

Ar ôl noson o droi a throsi, o'r diwedd fe lwyddais i gwympo i drwmgwsg ... am ryw ddeg munud. Wedyn llifodd golau ddydd i'r stafell, a sŵn llais siriol yn canu, 'Bore da, blantos!'

Safai Nansi wrth y ffenest, yn rhwygo'r llenni ar agor.

'Amser dihuno! Amser mynd i'r capel!'

Griddfanodd Dylan a chuddio o dan y garthen.

'Bore da,' mentrais, yn flinedig – fy ngeiriau Cymraeg cyntaf! A dyma Nansi'n rhuthro o'r stafell yn gwenu fel giât.

'Da iawn ti,' mwmiodd Dylan a 'nhynnu i o dan y garthen i gael cwtsh.

Ugain munud wedyn, ro'n ni'n dal yn y gwely ...

'Chi'n mynd i fod yn hwyr!' meddai Nansi.

Byrstiodd drwy'r drws a gweld mwy o'i mab nag a welodd hi ers blynyddoedd. Ar ôl iddi frysio allan, trodd Dylan ata i gan chwerthin.

'Dyna'i dysgu hi i gnocio'r drws, tro nesa!'

\* \* \*

---

**trwmgwsg** – *deep sleep*      **carthen** – *overblanket*

**siriol** – *cheerful*

**griddfan** – *to groan*

Do'n i ddim yn gallu cofio'r tro diwetha i fi fynd i'r cwrdd. Y foment y camais i drwy ddrws y capel, des i wyneb yn wyneb â llif o drigolion chwilfrydig. Ro'n i'n gallu teimlo'u llygaid arna i, yn gallu clywed y sibrydion, felly cydiais yn dynn yn llaw Dylan. Ro'n i wedi bod yn ymarfer yn y car ar y ffordd yma:

'Dw i'n falch i gwrdd â chi.'

Do'n i ddim wedi perffeithio'r sŵn 'ch' rhyfedd yna eto ond dwedodd Dylan wrtha i am beidio â becso am hynny.

'Neud yr ymdrech yw'r peth pwysig,' meddai.

Gadewais i Dylan fy arwain i'r sedd lle roedd ei deulu'n arfer eistedd.

O dan y pulpud, safai rhes o hen ddynion yn wynebu'r gynulleidfa, a thad Dylan yn siarad â nhw'n ddifrifol iawn.

'Pwy yw'r maffiosa?' gofynnais i Dylan, gan edrych eto ar y criw o flaen y pulpud.

'Y diaconiaid.'

'A beth sy'n neud hwn yn gapel yn lle eglwys?' mentrais eto.

'Mae capeli Cymraeg yn annibynnol ... felly does dim "bòs" fel petai ... ond "y Bòs" ei hun, wrth gwrs.'

O'n i'n mynd i ofyn ai sôn am Bruce Springsteen oedd e pan ges i fy atal gan hen fenyw.

'Pwy sy 'da ni fan hyn, 'te, Dylan bach?' holodd hi.

Crebachodd fy ngŵr chwe throedfedd, tair modfedd, o flaen fy llygaid.

'Helô, Mrs Gruffudd, sut ydych chi?' dwedodd e mewn llais parchus. 'Dyma Katie, fy ngwraig.'

'Wel wir, Dylan bach, dw i wedi clywed am dy giamocs di! Rhedeg bant

---

**cwrdd** – *religious service*

**chwilfrydig** – *inquisitive*

**annibynnol** – *independent*

**crebachu** – *to shrink, to shrivel*

**giamocs** – *antics*

a phriodi'n dawel bach heb fecso taten am deimladau dy deulu a'r rhai sy wedi dy nabod di ers pan o't ti'n grwt ...'

Chwerthin yn nerfus wnaeth Dylan.

'Roedd Mrs Gruffudd yn arfer fy nysgu i yn yr ysgol,' eglurodd yn dawel bach.

Doedd yr hen fenyw ddim yn edrych yn bles o gwbl, felly dyma fi'n ceisio gwella'r sefyllfa gan ddefnyddio'r frawddeg wnaeth Dylan ei dysgu i fi yn y car.

'Dw i'n alci gwrw ci,' dwedais i.

Edrychodd Mrs Gruffudd arna i'n hurt.

'Mae'n gweud ei bod hi'n falch i gwrdd â chi,' eglurodd Dylan.

Trodd Mrs Gruffudd ata i a dechrau siarad yn araf ac yn uchel, fel tasen i'n fyddar, neu'n hanner call. 'Mae'n ... bleser ... cael ... cwrdd ... â ... chi hefyd, Katie.'

Wedyn trodd at Dylan.

'Mae'n ddigon pert, Dylan, ond cofia – nid wrth ei chynffon mae prynu buwch ...'

* * *

Ddeallais i ddim un gair o'r hyn ddwedodd y gweinidog ond roedd y canu'n wych ... er 'mod i ddim yn gallu canu fy hunan. 'All things bright and beautiful' yw pen draw fy *repertoire* i – a dim mwy na'r gytgan chwaith. Felly doedd dim gobaith 'da fi ymuno â'r côr o leisiau oedd yn canu caneuon anghyfarwydd yn y Gymraeg. Chwarae teg iddyn nhw – doedd neb yn

---

**heb fecso taten** – *without giving a damn*

**byddar** – *deaf*

**nid wrth ei chynffon mae prynu buwch**
– *a saying: looks can be deceiving*

**cytgan** – *chorus*

**anghyfarwydd** – *unfamiliar*

mwmian. Roedd pawb yn canu nerth eu pennau, yn aml iawn am ryw foi o'r enw 'Ben Digedig'. Do'n i ddim wedi clywed amdano fe erioed o'r blaen, ond roedd e'n swnio i fi fel tase fe'n rhyw fath o sant Cymraeg.

Ar y ffordd mas o'r capel, ges i fy nal gan Elfed, tad Dylan, a oedd eisiau i fi gwrdd â Maria – menyw o Sbaen oedd wedi dysgu siarad Cymraeg yn rhugl. Roedd ei dau blentyn yn rhugl mewn *tair* iaith. Er hynny, do'n nhw ddim yn edrych yn rhy glyfar i fi. Roedd y crwt yn pigo'i drwyn a'r groten yn rhedeg yn wyllt o gwmpas y lle yn gwneud stumiau tu ôl i gefn ei mam. Do'n i ddim eisiau bod yn anghwrtais, felly nodiais, gwenu, a diolch i'r mawredd yn dawel bach bod gen i ddim plant. Ych a fi!

Gollais i Dylan yn y dorf – rhaid ei fod e'n dal i siarad â'i ffrindiau. Wedyn ges i gipolwg arno fe'n sefyll o flaen y côr mawr, yn siarad â menyw bert, ifanc, â gwallt fel hysbyseb siampŵ. Symudodd Dylan yn glou pan welodd e fi'n syllu arnyn nhw a dod i sefyll wrth fy ochr yn syth.

'Pwy oedd *hi*, 'te?' gofynnais.

'Pwy?'

'Elen Benfelen draw fan 'na?'

'Neb o bwys,' atebodd gan newid y pwnc yn glou. Pan edrychais i rownd, roedd hithau'n dal i sefyll wrth ymyl y côr mawr, yn edrych yn ddigon truenus.

*  *  *

Ar ôl bod yn y capel, aeth y teulu cyfan 'nôl i Blas Mawr i gael cinio dydd Sul. Roedd fy ngeiriau i y noson gynt wedi cael effaith, a phawb, erbyn

---

**gwneud/tynnu stumiau** – *to pull faces*    **Elen Benfelen** – *Goldilocks*

**anghwrtais** – *rude*

**côr mawr** – *the front section of a chapel, just under the pulpit*

hyn, yn ymdrechu i siarad Saesneg. A do, fe lifodd y sgwrs ... fel mwd.

'Please could you pass me the salt?' meddai Nansi'n lletchwith, wrth i Siôn, ei hŵyr, biffian chwerthin. Atebodd hwnnw wedyn mewn acen ffug-grand:

'Of course, Granny dearest.'

Yn un ar bymtheg oed, roedd e newydd orffen ei arholiadau TGAU, felly dyma fi'n ceisio dechrau sgwrs am ei gynlluniau ar gyfer y dyfodol.

'Mynd mor bell â phosib o'r wlad dwp 'ma ...' atebodd, 'dw i ddim yn mynd i dreulio 'mywyd yn potelu dŵr.'

'Bwyta dy fresych,' meddai Celyn drwy ei dannedd.

Aeth popeth mor dawel nes 'mod i'n gallu clywed sŵn cnoi.

Yn sydyn, teimlais rywbeth blewog yn sgubo heibio fy nghoesau. Ges i fraw!

'Paid â becso,' meddai Dylan, ''mond y gath yw hi.'

Dechreuais disian.

'O diar,' ebychais. 'Mae 'da fi alergedd i gathod.'

'Wrth gwrs bod e ...' meddai Celyn o dan ei hanadl.

Wrth i Dylan roi'r gath mas tu fas, wnes i geisio tynnu sgwrs eto.

'Beth yw ei henw hi ... y gath?'

'Glyndŵr,' atebodd Siôn.

'Dyna enw rhyfedd.'

Saib.

'As in Owain Glyndŵr...' meddai Celyn, yn crychu ei thalcen.

'Pwy yw hwnnw?' gofynnais. 'Ydy e'n chwarae rygbi dros Gymru neu rywbeth?'

---

**ebychu** – *to exclaim*

Chwerthin wnaeth Elfed. Roedd e'n meddwl mai jocan o'n i, dw i'n meddwl. Syllodd ar fy wyneb di-glem a throi'r sgwrs.

'Mae'n edrych fel tase Ysgol y Myrddin yn mynd i gau.'

'Pam?' gofynnodd Siôn.

'Dim digon o ddisgyblion, yn ôl y Cyngor.'

'Ond dyna'r unig ysgol Gymraeg am filltiroedd,' meddai Siôn.

Edrychodd Celyn yn finiog ar ei mab.

'Dyna beth sy'n digwydd pan mae pobl leol yn symud i ffwrdd a'r di-Gymraeg yn symud i mewn. Mae'r gymuned Gymraeg yn marw.'

'Iawn, Celyn, ti wedi gweud dy weud,' meddai Dylan yn flin.

'Mae ganddi bwynt,' dwedodd Nansi, 'mae cau ysgolion Cymraeg cefn gwlad yn gwmws fel y "Welsh Not". Dw i'n trefnu protest tu fas i Neuadd y Cyngor yn y dre. Dw i'n disgwyl i chi i gyd ddod.'

Heb sylweddoli, ro'n nhw i gyd wedi troi i siarad Cymraeg erbyn hyn. Doedd dim clem 'da fi beth o'n nhw'n ddweud. Er hynny, ro'n i'n awyddus i gyfrannu at y sgwrs, felly dyma fi'n dweud y peth cyntaf ddaeth i mewn i 'mhen i,

'I think I learned how to tie a Welsh knot when I was in the Girl Guides.'

---

**di-glem** – *clueless*

**awyddus** – *keen, eager*

# 4

# Y Gadair

Dw i ddim y math o berson sy'n hoffi byw a bod yn fy mhyjamas drwy'r dydd. Dw i wedi cael swydd o ryw fath ers 'mod i'n ddigon hen i fynd â phapurau newydd o gwmpas y tai yn lleol, felly pan adawodd Dylan a Celyn am y ffatri botelu ben bore dydd Llun, ro'n i'n teimlo braidd yn eiddigeddus. Rhoddodd Dylan sws ffarwél i fi.

'Beth wyt ti'n mynd i neud heddiw?' gofynnodd.

'Chwilio am swydd. Mae 'na gwmnïau teledu yma yng Nghymru ... falle bod eisiau cynhyrchydd ar un ohonyn nhw.'

'A thithau heb air o Gymraeg?! Pob lwc gyda hynny ...' wfftiodd Celyn.

Dewisais ei hanwybyddu ac ymateb yn siwgwraidd – yn y Gymraeg:

'Diolch.'

Eisteddais wrth ford y gegin gyda fy ngliniadur. Roedd Nansi wrthi'n ysgrifennu rhywbeth i'r papur bro ac Elfed yn dod mewn bob pum munud i ofyn ei chyngor am y bregeth roedd e'n sgrifennu erbyn y Sul canlynol. Ro'n i'n gwybod eu bod nhw'n siarad Saesneg oherwydd 'mod i yno, a dyma fi'n dechrau teimlo'n euog. Felly es i lan llofft i guddio yn stafell Dylan.

---

**eiddigeddus** – *envious*

**anwybyddu** – *to ignore*

**yn siwgwraidd** – *sweetly*

**gliniadur** – *laptop*

Ches i ddim llawer o lwc yn dod o hyd i waith. Roedd y rhan fwyaf o'r cwmnïau teledu yng Nghaerdydd – awr a hanner i ffwrdd o 'nghartre newydd yn nyffryn Tywi – a llawer ohonyn nhw'n gofyn am staff dwyieithog.

Ar ôl sbel, gwelais fod rhywun yn sbio arna i drwy gil y drws.

'Siôn?' holais. 'Ti sy 'na? Dere i mewn. Dw i ddim yn cnoi!'

A dweud y gwir, ro'n i'n eitha balch o'i gwmni. Sleifiodd Siôn i mewn i'r stafell fel cath chwilfrydig.

'Sut mae'r chwilio am swydd yn mynd?' gofynnodd.

'A ... wel ... mae'n ddyddiau cynnar ...' atebais, yn ceisio swnio'n optimistaidd. Dechreuodd Siôn grwydro o gwmpas y stafell, yn edrych ar fy mhethau. Cododd lun ohona i a Dylan ar y traeth yn Sbaen, ar ddiwrnod ein priodas.

'Ffrog bert,' meddai. 'Dw i'n hoffi'r les.'

'Diolch – mae'r ffrog yn y cwpwrdd os wyt ti am ei gweld hi.'

Fe drodd Siôn yn binc. Ro'n i'n becso 'mod i wedi codi cywilydd arno fe.

'Mae rhai o gynllunwyr dillad gorau'r byd yn ddynion ...' ychwanegais yn glou. Ond diolch byth, newidiodd Siôn y pwnc.

'Ydy e'n wir bo' ti'n arfer cynhyrchu'r rhaglen *Make Me a Star*?' gofynnodd.

'Ydy ... wyt ti'n credu y byddet ti'n hoffi gweithio yn y byd teledu?' gofynnais. 'Falle alla i drefnu profiad gwaith i ti.'

'Gyda'r tîm cynhyrchu?'

'Ie.'

---

**cil y drws** – *the edge of the door*

**cnoi** – *to bite*

**codi cywilydd** – *to embarrass*

'Dim diolch.'

Cydiodd mewn ffan les brynodd Dylan i fi mewn marchnad dwristaidd yn Bilbao. Dechreuodd Siôn droi'r ffan yn ei ddwylo, gan esgus mai meicroffon oedd hi. Ac mewn acen Lundeinig, dyma fe'n dweud:

'Good evening and welcome to *Make Me a Star*!'

Wnes i chwerthin – roedd ei ddynwarediad o'r cyflwynydd yn dda iawn.

'Fe weda i wrth Kwame bod ganddo fe gystadleuaeth!'

'Wyt ti'n nabod Kwame Bello?' gofynnodd Siôn.

Do'n i ddim yn siŵr sut i ymateb. Ei nabod e? Hyd at dri mis yn ôl, ro'n i'n byw gydag e. Ro'n i'n bwriadu ei briodi e. Ond penderfynais gadw'r manylion hynny i mi fy hunan.

'Ydw,' atebais.

'Cŵl ... Hoffwn i fod ar y rhaglen 'na.'

Roedd geiriau Siôn yn fy synnu. Hyd yn hyn, roedd e wedi ymddangos fel crwt swil.

'Beth yw dy dalent? Wyt ti'n canu? Dweud jôcs?'

Edrychodd Siôn arna i fel tase fe ar fin dweud rhywbeth, wedyn trodd yn llwfr.

'Ddylen i fynd,' dwedodd, 'mae jobsys 'da fi i neud i Dad-cu.'

\* \* \*

Roedd cysylltiad Plas Mawr â'r we mor araf â malwen ac erbyn hanner dydd ro'n i wedi hen syrffedu ar chwilio am waith ar-lein. Es i lawr staer

---

**Llundeinig** – *of London*

**dynwarediad** – *imitation*

**llwfr** – *cowardly*

**wedi syrffedu** – *to be fed up*

i gael paned. Des i o hyd i Nansi yn y stafell fyw yn gwneud gwaith tŷ. Ro'n i wir yn gobeithio nad oedd Dylan yn disgwyl i fi fod yn rhyw fath o *domestic goddess* fel ei fam. Dw i'n casáu glanhau! Nôl yn Llundain ro'n i'n talu menyw hyfryd o'r enw Olga i wneud y gwaith hwnnw. Am y tro cynta ers i fi gwrdd â Dylan, fe deimlais bwl bach o hiraeth am y bywyd ro'n i'n ei adael ar fy ôl.

Druan â Nansi, roedd hi'n sefyll ar flaenau ei thraed yn ceisio cyrraedd top y seld Gymreig â'i chlwtyn sychu llwch. Edrychai'n flinedig, felly cynigiais help llaw iddi.

'Dyna garedig, diolch, blodyn,' meddai hi, gan estyn y clwtyn i fi. 'Wna i roi'r tegell 'mlaen.'

Tra oedd hi mas o'r stafell, dyma fi'n dringo i ben hen gadair bren er mwyn cyrraedd top y seld. Ro'n i bron â chwympo pan ddaeth Nansi 'nôl i'r stafell gan weiddi arna i:

'O, Katie fach – na, 'dyn ni ddim yn sefyll ar gadair Tad-cu!'

Des i i lawr yn syth a rhuthrodd Nansi at y gadair, gan wneud yn siŵr 'mod i ddim wedi gwneud niwed iddi. Wir, allech chi feddwl mai cadair aur oedd hi, gymaint y ffws a'r ffwdan!

'Mae hon yn gadair arbennig iawn,' eglurodd Nansi. 'Enillodd Tad-cu hi yn Eisteddfod Môn yn un naw pump dau, am ei farddoniaeth. Mae'n fraint anferth ennill cadair, ti'n gwybod!'

'Cadair?' gofynnais.

'Ie.'

'Enillodd e *gadair*?'

'Do!'

---

**hiraeth** – *longing*

**seld Gymreig** – *Welsh dresser*

'Nid cwpan aur?'

'Nage.'

'Nid medal?'

'Nage – y gadair hon!' meddai Nansi'n bigog. 'Dyna'r hen draddodiad yng Nghymru – traddodiad sy'n mynd yn ôl ganrifoedd!'

'O,' atebais i, gan gynnig hanner gwên a cheisio cuddio beth o'n i wir yn meddwl: *Wel, maen nhw'n bobl od, y Cymry.*

Am ryw reswm, doedd Nansi ddim yn awyddus iawn i fi helpu gyda gweddill y tacluso. Ar ôl i ni orffen ein paned, awgrymodd y dylen i fynd am dro lawr i'r ffatri.

'Falle bod angen help ar Dylan yn y swyddfa ...'

---

**pigog** – *prickly*

# 5
# Bois y Ffatri

Roedd y ffatri botelu dŵr ffynnon wedi ei lleoli yn yr hen feudy ar glos fferm Plas Mawr, felly doedd dim rhaid i fi gerdded yn rhy bell cyn cyrraedd gwaith Dylan. Dim ond dod allan o ddrws cefn y tŷ a cherdded rownd y gornel oedd angen gwneud. Er hynny, erbyn i fi gyrraedd cyntedd y ffatri, roedd fy sgidiau drud yn edrych fel tasen i newydd fod yn dawnsio mewn mwd. Ro'n i'n ceisio eu sychu nhw gyda hances bapur pan ddaeth hen ddyn bach mewn dillad gwyn i'r golwg. Roedd ganddo drwyn cam ond gwên gynnes.

'Bydd rhaid i ti brynu pâr o sgidie teidi,' meddai.

'Sorry, I don't speak Welsh,' atebais i.

'Dim eto,' meddai gan wincio.

Cyflwynodd ei hun fel Huw Offeryn, peiriannydd y ffatri. Roedd yn gwybod yn barod pwy o'n i a chan fod Dylan mewn cyfarfod, cynigiodd fy arwain ar daith o gwmpas y ffatri. Doedd dim rhaid iddo fe ofyn ddwywaith – ro'n i'n ar dân i gael gweld y lle. Arwyddodd Huw'r rhestr ymwelwyr drosta i a sylwais mai ei enw go iawn oedd Huw Davies.

'O'n i'n meddwl i ti ddweud mai Huw Offeryn oedd dy enw di?'

| | |
|---|---|
| **lleoli** – *to locate* | **cyntedd** – *porch, hallway* |
| **beudy** – *cowshed* | **offeryn** – *tool* |
| **clos fferm** – *farmyard* | **peiriannydd** – *engineer* |

'Wel, mae dau Huw Davies yn gweithio fan hyn, felly 'dyn ni'n defnyddio llysenwau.'

'Pam bo' nhw'n dy alw di'n "Huw Offeryn", 'te?' gofynnais.

Daeth dyn byr, tew yn gwthio troli heibio'r eiliad honno.

'Am ei fod e'n dwlsyn!' meddai, gan chwerthin dros bob man.

'Ar y gair! Dyna'r Huw arall,' meddai Huw Offeryn, 'Huw Pêl-droed ni'n ei alw e.'

'Am ei fod e'n hoffi pêl-droed?' mentrais.

'Nage, am ei fod e'n *edrych* fel pêl-droed!' oedd yr ateb.

Ddeg munud yn ddiweddarach, ro'n *i*'n gwisgo dillad gwyn hefyd, a bagiau bach plastig glas dros fy sgidiau, het blastig las dros fy ngwallt a chlustffonau dros fy nghlustiau. Do'n i erioed wedi edrych mor secsi.

Aethon ni draw gynta at y llinell gynhyrchu i weld lle roedd y poteli'n cael eu llenwi a lle ro'n nhw'n gosod y labeli ac yn y blaen. Roedd hi'n od iawn meddwl 'mod i wedi prynu dŵr Melin Merlin yn Llundain gannoedd o weithiau. Fydden i erioed wedi dychmygu dod i'r ffatri lle roedd hwnnw'n cael ei gynhyrchu, a fydden i fyth wedi dychmygu priodi perchennog y busnes – un o'r perchnogion, ddylen i ddweud.

'Da iawn, Lev,' meddai Huw wrth ddyn oedd yn glanhau un o'r peiriannau. 'Edrych ar y sglein ar hwn!'

'Dyna fe – mae'n sgleinio fel pwrs milgi!' atebodd Lev a dyma Huw yn chwerthin dros y lle. Ond do'n i ddim yn deall y jôc.

'He said it's as shiny as a rich man's purse.'

Wnes i wenu'n gwrtais a dod i'r casgliad bod ambell jôc ddim yn cyfieithu'n dda iawn.

---

**llysenw(au)** – *nickname(s)*

**twlsyn** – *tool*

**clustffonau** – *ear protectors*

**milgi** – *greyhound*

'Mae Lev yn dod o Wlad Pwyl,' meddai Huw yn falch, 'ond mae e wedi dysgu Cymraeg fel un ohonon ni.'

Mae Cymry Cymraeg yn falch iawn o ddysgwyr, sylwais. Dw i wedi cwrdd â digon o bobl yn Llundain sy wedi dysgu Saesneg – fel Olga, oedd yn arfer glanhau'r fflat, er enghraifft – ond dw i erioed wedi meddwl ei chanmol hi am ymdrechu i ddysgu'r iaith. Falle y dylen i fod wedi gwneud?

Ar ddiwedd y daith o gwmpas y ffatri, aethon ni i'r ffreutur am baned. Roedd criw o ddynion ac un fenyw yn eistedd wrth y ford fawr yng nghanol y stafell yn gorffen eu cinio. Wnes i gwrdd â gweddill y criw wedyn, gan gynnwys Jill Bysedd (mae dau ar goll), Ffranc y Llanc (sy'n ffaelu tyfu barf), a Gwerfyl. Pan gwrddon ni â Ffranc, dyma Huw yn ei gyfarch trwy ddweud, 'Shitty boy.'

'Shitty boy?' holais i. 'Dw i ddim yn credu 'mod i eisiau gwybod pam mai dyna beth yw dy lysenw di ...'

Chwerthin wnaeth y criw.

'Dw i wedi clywed y cyfan nawr!' meddai Huw Offeryn, 'Sut-wyt-ti-boi?' eglurodd wedyn. 'How are you?'

Ro'n i'n teimlo fel twpsyn llwyr. Wedyn, wnes i gofio rhywbeth wnaeth Dylan ei ddysgu i fi.

'Dw i'n iawn, diolch. Sut ydych chi?' mentrais, yn falch.

'Da iawn!' meddai Jill. 'Ond tria hyn: *fel y boi, 'achan ... a thithe?*'

Wnes i gopïo beth ddwedodd hi'n union, a phawb yn fy nghanmol i am wneud.

'You're a natural!' canmolodd Huw Offeryn. 'Ddylet ti fynd i gael gwersi

---

**ffreutur** – *canteen*

**cyfarch** – *to greet, to address*

Cymraeg, fel Lev. Digwydd bod, mae fy ngwraig, Sioned, yn athrawes yn y Ganolfan Gymraeg yn y dre. Mae hi'n chwilio am fyfyrwyr ar gyfer cwrs WLPAN.'

Rholiodd Jill ei llygaid.

'*Digwydd bod*, ife, Huw? Ydy Sioned yn dy dalu di am ddod o hyd i fyfyrwyr newydd?'

Dyna pryd gyrhaeddodd Dylan. Roedd e'n edrych yn syn i 'ngweld i'n eistedd yn y ffreutur yng nghwmni ei weithwyr.

'Katie!' ebychodd. 'Ti'n iawn?'

'Fel y boi, 'achan!' atebais i. 'A thithe?'

* * *

Roedd Dylan yn brysur yn y gwaith, felly ar ôl cinio, es i am dro i Drebedw. Ro'n i'n gwybod fod Plas Mawr wedi'i leoli yng nghalon cefn gwlad, ond wedi dim ond deg munud yn y car, dyma fi'n cyrraedd y byd mawr, neu o leia, tre farchnad Trebedw. Doedd dim Harvey Nicks yno wrth gwrs, ond doedd dim ots am hynny – wnes i lwyddo i wario arian fel slecs yn y siopau lleol. Prynais i bâr o sgidiau call, cot law, pâr o jîns a digon o siwmperi.

Roedd eisiau hoe fach arna i ar ôl yr holl ymdrech. Dyna pryd sylwais i ar olau cynnes caffi'r Ganolfan Gymraeg yn denu. Man a man i fi gael pip mewn tu fewn, ontefe?

Dychwelais i Blas Mawr yn sionc fy ngham. Ro'n i wedi gwneud penderfyniad ac am y tro cyntaf ers i fi gyrraedd Cymru, ro'n i'n dechrau

---

**fel slecs** – *without limit*

**hoe** – *break, rest*

**denu** – *to attract*

**yn sionc fy ngham** – *with a spring in my step*

29

teimlo'n obeithiol am fy nyfodol yma. Des i i mewn drwy ddrws cefn Plas Mawr a dod o hyd i Elfed yn gosod ford y gegin ar gyfer swper. Roedd e'n sgleinio'r cyllyll a ffyrc gyda chlwtyn.

'Helô, Katie,' meddai, 'gest ti ddiwrnod da?'

'Do, diolch.' atebais.

'Da iawn,' meddai Elfed, yn rhoi'r gyllell olaf i lawr, yn bles â'i hunan. Trodd i'r Gymraeg a dweud, ''Na fe. Maen nhw'n sgleinio nawr.'

Ro'n i wedi clywed y gair hwnnw'n gynharach yn y dydd.

'Mae'n sgleinio fel ...' dechreuais i ... ond beth oedd dywediad Lev?

'Fel aur?' cynigiodd Elfed.

'Na ...'

'Fel arian?'

'Na ...'

A dyma fi'n cofio'r geiriau hollbwysig.

'Fel pwrs milgi!' atebais.

\* \* \*

Y noson honno, ar ôl eistedd i lawr i fwynhau pryd o fwyd, roedd y sgwrs yn llifo 'nôl a 'mlaen rhwng y Gymraeg a'r Saesneg, er mwyn trio 'nghadw i'n hapus. Yn araf bach, dyma fi'n dechrau sylweddoli bod yr iaith Gymraeg ddim yn swnio mor estron i mi erbyn hyn; roedd hi'n dechrau swnio'n gyfarwydd. Trodd y sgwrs 'nôl ata i, a phawb yn siarad Saesneg eto.

'Sut aeth y chwilio am waith heddiw?' gofynnodd Celyn â gwên smyg ar ei hwyneb.

'Ches i ddim lot o lwc, yn anffodus.'

'Wel, does dim hast i ti ffeindio swydd,' meddai Dylan.

'Nag oes?' wfftiodd Celyn, yn llygadu'r holl fagiau llawn dillad newydd o'n i wedi eu gadael yn y cyntedd. 'Bydd eisiau i ti ffeindio rhywbeth i neud â dy amser, Katie,' ychwanegodd, 'neu byddi di'n rhedeg mas o siopau yn Nhrebedw ...'

'A dweud y gwir,' atebais, 'mae cynllun 'da fi. Fe welais i hysbyseb ar gyfer gwersi Cymraeg heddiw, yn y Ganolfan Gymraeg.'

Goleuodd llygaid Dylan.

'Dw i wedi rhoi fy enw i lawr ar gyfer cwrs WLPAN.'

'Mae hynny'n wych!' dwedodd Dylan, yn cydio yn fy llaw. Roedd Elfed a Siôn yn gwenu ar ei gilydd.

'Mae arnoch chi bum punt i fi,' meddai Siôn. 'Wedes i y byddai hi'n dysgu Cymraeg.'

'Chwarae teg,' atebodd Elfed, 'wedest ti'n iawn.'

Dim ond Celyn oedd yn edrych yn sur o hyd.

'Mae'n iaith anodd iawn i'w dysgu,' meddai hi, 'anodd ofnadwy. Ti'n gorfod bod yn barod ar gyfer y *long haul*.'

'O, paid â phoeni am hynny,' dwedais i. 'Dw *i* ddim yn mynd i unman.'

# 6

# Gwersi Cymraeg

Mis y cwrs WLPAN oedd mis hiraf fy mywyd. Des i adre bob dydd â phen tost uffernol. Roedd fel tasen i'n gallu teimlo egin geirfa newydd yn gwthio'u ffordd trwy fy ymennydd, yn tyfu ac yn lledu. Er hynny, roedd y gwersi'n hwyl hefyd. Cwrddais â chriw o bobl hyfryd a dechrau gwneud ffrindiau.

Roedd Dylan a'i rieni wrth eu boddau. O'r wers gyntaf, ro'n nhw eisiau gwybod popeth:

'Wel, dere 'mlaen, 'te, beth wnest i ddysgu?' holodd Dylan.

'Katie ydw i. Dw i'n dod o Lundain anhaeddol.'

Piffian chwerthin wnaeth Celyn.

'Perffaith!' meddai hi. Gwgodd Dylan arni.

'*Yn wreiddiol*, cariad,' meddai fe, 'dw i'n dod o Lundain *yn wreiddiol*. Da iawn ti. Dechrau da.'

'Beth arall wnest ti ddysgu?' gofynnodd Elfed.

'Paned o de, os gwelwch yn dda!'

'Ti'n swnio fel taset ti 'di llyncu ysgall!' Dwedodd Celyn. '*If you can't*

---

**egin** – *buds, shoots*

**ymennydd** – *brain*

**ysgall** – *thistle*

*manage* os gwelwch yn dda, *just say* plis.'

Ochneidiodd Elfed cyn troi at ei ferch.

'O gad dy lap, Celyn,' meddai. 'Mae Katie'n gwneud yn wych.'

\* \* \*

Roedd Sioned, athrawes y cwrs WLPAN, yn awyddus ein bod ni'n dysgu am ddiwylliant Cymraeg yn ogystal â'r iaith, felly ein gwaith cartre oedd gwylio S4C a gwrando ar Radio Cymru. Wnaeth hi roi benthyg cwpl o CDs Cymraeg i fi hefyd. Felly dyma fi'n eistedd wrth ford y gegin un bore dydd Sadwrn yn gwrando ar gerddoriaeth Gymraeg wrth geisio llenwi taflen waith cartref am ffurfiau gorchmynnol y ferf. A'r tŷ'n wag, troais stereo'r gegin i fyny'n uchel a dechrau canu nerth fy mhen.

'Agor dy galon! Gad fi ddod mewn!'

A dyna pryd ddaeth Siôn i mewn, a golwg ddigon poenus ar ei wyneb.

'Sori!' ymddiheurais. 'O'n i'n meddwl bo' fi yma ar fy mhen fy hunan bach!'

'Waw. Ti wir yn methu canu ... fel ... dim un nodyn.'

'Dw i'n gwybod,' atebais, gan chwerthin, 'ond dw i'n joio!'

Eisteddodd Siôn wrth y ford ac edrych ar glawr y CD ro'n i wedi bod yn gwrando arni. Y cyfan oedd ar y clawr oedd llygaid menyw bert o dan ddim ond un gair: LOIS. Fel Madonna, tybiais.

'Mae Lois Ifans yn byw yma ... yn Nhrebedw, ti'n gwybod,' eglurodd Siôn.

'Yma? Wir? Wyt ti'n ei nabod hi, 'te?' gofynnais.

---

**gad dy lap** – *shut up*

Edrychai Siôn braidd yn lletchwith.

'Ydw ... ym, a dweud y gwir, mae hi'n ffrind i'r teulu ...' meddai. Dewisodd CD arall gan ddweud, 'Well 'da fi Huw Chiswell.'

Ro'n i am ofyn mwy am Lois Ifans ond daeth Celyn i mewn trwy ddrws y cefn yr un pryd.

'Dere 'mlaen, Siôn! Amser ymarfer rygbi. Ti ddim eisiau bod yn hwyr ... eto.'

Crebachodd Siôn yn ei gadair.

'Oes rhaid?'

'Oes. Nawr cer i nôl dy gitbag.'

Ymlwybrodd Siôn o'r stafell. Saib hir. Ddwedodd Celyn yr un gair. Na finnau chwaith. Canolbwyntio ar fy ngwaith cartre o'n i. O'r diwedd, dechreuodd Celyn siarad.

'Joio bach o Chis, wyt ti?'

'Chis?'

'Huw Chiswell.'

'O. Ydw. Mae'n fardd.'

Chwarddodd trwy ei thrwyn ar hynny. Roedd y gân 'Parti'r Ysbrydion' wedi dechrau a Chis yn canu, 'Bŵ bwgi bŵ bwgi bŵ bwgi bŵ ...'

'O ydy!' meddai Celyn. 'Mae e fel Dylan blincin Thomas.'

Ro'n i eisiau ei bwrw hi. Ond drwy lwc, daeth Siôn 'nôl i mewn i'r gegin.

'Wela i ti wedyn, Anti Katie,' meddai.

Griddfanodd Celyn o glywed y gair 'Anti'. Wrth iddi gerdded mas, trodd ata i a dweud,

'Gyda llaw, falle ddylet ti edrych ar dy waith cartre unwaith eto ... mae

---

**ymlwybro** – *to make one's way*

34

cwestiwn pump, chwech a saith yn anghywir 'da ti. Hwyl!'

Caeodd ddrws y cefn gyda chlep. Dechreuais gyfrif i ddeg, cyn sgrechian nerth fy mhen!

* * *

Beth oedd ei phroblem? Doedd dim ots pa mor galed o'n i'n trio, aros yr un mor bigog â'i henw roedd Celyn. Ro'n i eisiau gwybod pam fod menyw yn ei phedwardegau'n dal i fyw gartre gyda'i rhieni ta beth. Yr unig beth roedd Dylan yn fodlon ei ddweud oedd, 'mae'n stori hir'.

Ro'n i'n rhy grac i ganolbwyntio ar fy ngwaith cartre ac yn rhy browd i ffonio Dylan i gario clecs. Ta beth, roedd e'n brysur ar safle adeiladu ein cartref newydd. Yr unig beth allwn i ei wneud oedd cysuro fy hun drwy feddwl: *cynta i gyd y bydd y tŷ'n cael ei orffen, cyflyma i gyd allwn ni symud mas o Blas Mawr.*

Codais i'r ffôn. Falle y byddai Bethan o gwmpas am baned. Bethan oedd un o fy ffrindiau gorau ar y cwrs WLPAN ac ar y foment honno, roedd *wir* eisiau ffrind arna i. Ond roedd rhywbeth yn fy nal i'n ôl rhag ei ffonio hi: wnaethon ni gytuno i siarad Cymraeg gyda'n gilydd. Bob tro. A'r foment honno, do'n i ddim eisiau siarad Cymraeg gyda neb. Roedd yn rhy anodd. Ro'n i'n rhy dwp. Faswn i byth yn llwyddo i feistroli'r blincin iaith. Do'n i erioed wedi teimlo mor unig.

Doedd ond un peth amdani: *retail therapy*. Draw â fi i Drebedw a gwneud tolc mawr arall yn fy nghyfri banc. Prynais golur, potel foethus o hylif bybls i'r bath a llwyth o bethau doedd dim eu heisiau arna i. Ond hyd

---

**tolc** – *dent*

yn oed wedyn, roedd fy nghalon yn teimlo'r un mor drwm â 'mag siopa. Crwydrais o gwmpas yr hen dre a dod o hyd i gaffi ffansi'r olwg – y math o le sy'n rhoi eich diod mewn cwpan retro gyda soser sy ddim yn matsio. Gofynnais am baned o de a slabyn o gacen siocled.

'You look like you need that,' meddai'r fenyw tu ôl i'r cownter. Roedd hi'n braf gweld wyneb cyfeillgar.

'I haven't seen you in here before. Are you on holiday?' gofynnodd.

'Sort of,' atebais.

Dw i ddim yn gwybod pam ddwedais i gelwydd. Eisiau hoe fach o fod yn Katie Davies – dysgwraig – sbo.

'I'm from London,' eglurais.

Pefriodd llygaid y fenyw.

'Oh, you're one of us!' atebodd hi. 'I'm Tamsin and this is my hubby, Andrew.'

Ac fe wnes i dreulio gweddill y prynhawn yn siarad â nhw.

A dyma fy nghyffes nesaf, ddarllenydd: wnes i joio mas draw. Ar ôl tair wythnos o'r cwrs WLPAN, roedd yn rhyddhad i allu siarad fy iaith fy hunan am ychydig. Ro'n i'n gallu ymlacio a bod yn fi fy hunan – yn dweud jôcs unwaith eto! Doedd fy meddwl ddim yn gallu gweithio'n ddigon cyflym yn y Gymraeg i fod yn ddoniol, na chlyfar chwaith. Ond drwy siarad Saesneg unwaith eto, do'n i ddim yn teimlo fel twpsyn rhagor. Ro'n i'n teimlo fel ... fi.

A dyna pryd drawodd y peth fi: dyma sut mae Dylan a'i deulu'n teimlo wrth siarad Cymraeg. Dim rhyfedd iddyn nhw weld yn chwith pan ofynnais iddyn nhw siarad Saesneg yn eu cartref nhw eu hunain. Ro'n i'n

---

**pefrio** – *to sparkle*

**rhyddhad** – *relief*

**gweld yn chwith** – *to take offence*

gofyn iddyn nhw *beidio* â bod yn nhw eu hunain. Sylweddolais y foment honno, os o'n i am aros yng Nghymru, os o'n i am wneud lle i fi fy hunan ymhlith fy nheulu newydd, y byddai'n rhaid i fi beidio gofyn iddyn *nhw* newid. Byddai'n rhaid i *fi* newid.

Pan gyrhaeddais adre i Blas Mawr, roedd pawb yn eistedd rownd ford y gegin yn barod am swper.

'There you are,' dwedodd Dylan, 'I was starting to worry.'

'Dim Saesneg!' protestiais. 'O hyn ymlaen, dw i am i bawb siarad dim ond Cymraeg gyda fi ... os gwêl – os gweli – os ... *plis.*'

Syllodd Dylan yn syn arna i.

'Iawn ...' pesychodd.

Roedd Elfed yn gwenu fel giât.

'Da 'merch i! Wel, 'stedda di lawr 'te.'

Cododd Elfed ei wydryn.

'I Katie ... a'i Chymraeg.'

Cododd pawb arall eu gwydrau hefyd – hyd yn oed Celyn.

# 7

# Merched y Wawr

Doedd Mam a Dad ddim yn deall pam yn y byd ro'n i eisiau dysgu siarad Cymraeg. Ro'n i wedi bod ar y ffôn gyda nhw am ugain munud yn ceisio esbonio'r peth.

'Dw i ddim yn gweld sut mae'r Gymraeg yn mynd i dy helpu di i ddod o hyd i waith,' meddai Dad. 'Dwyt ti ddim yn meddwl bydde dysgu Tsieinïeg yn fwy defnyddiol?'

'A dweud y gwir, na 'dw,' atebais, 'prin iawn yw'r siaradwyr Tsieinïeg yn Sir Gâr. Ta beth, dw i'n sori, mae'n rhaid i fi fynd nawr.'

'Beth yw'r hast?' gofynnodd Mam. 'Ble wyt ti'n mynd?'

'Dw i'n mynd mas gyda mam Dylan i gyfarfod Merched y Wawr.'

'Beth yn y byd yw hwnnw?'

'Yn Saesneg, basai e'n *Women of the Dawn*.'

Wnaeth hynny godi twrw wedyn.

'*Women of the Dawn*! Beth wedes i, Frank? Mae hi wedi ymuno â chwlt! Katie, os fyddan nhw'n gofyn i ti losgi tai haf, gwed "Na!" Nid dyna'r ffordd rwyt ti wedi cael dy fagu!'

'Mam, Dad, chi wedi drysu gyda Meibion Glyndŵr! Mae Merched y

---

**Tsieinïeg** – *Chinese (language)*

Wawr yn gwmws fel y WI ... ond yn Gymraeg.'

'O. Dw i'n gweld,' meddai Mam, 'jolly good then. Wel, joia dy hun.'

\* \* \*

Roedd Nansi'n aros amdana i yn y car. Rhuthrais i lawr y grisiau a mas trwy'r drws cefn gan basio Celyn ar y ffordd.

'Joia Merched y Wawr,' meddai hithau, â thinc direidus yn ei llais.

Deallais i ystyr y tinc direidus hwnnw pan gyrhaeddon ni neuadd y dref. Cerddais i mewn a gweld llond stafell o hen fenywod. Ro'n nhw'n eistedd mewn rhesi taclus fel merched ysgol oedrannus. Dim ond un fenyw ifanc oedd yno a hithau'n eistedd ar gadair foethus o flaen y gynulleidfa. Wnes i ei hadnabod hi'n syth. Elen Benfelen. *Hi* oedd yn siarad â Dylan yn y capel. Yn sefyll ar ei phwys hi roedd Mrs Gruffudd – cyn-athrawes Dylan – yn sbecian ar ei horiawr.

'Sori bo' ni'n hwyr,' meddai Nansi gan fy nhynnu i eistedd ar un o'r seddi plastig oedd wedi eu gosod allan yn barod.

Cododd Mrs Gruffudd ei haeliau pan welodd hi fi'n dod i mewn. Gwenais yn gwrtais gan obeithio y bydden i'n gwneud gwell argraff arni y tro hwn.

'Croeso cynnes i chi i gyd,' meddai Mrs Gruffudd. 'Mae'n bleser gen i gyflwyno gwestai'r mis i chi. Mae hi wedi bod bant ers dwy flynedd yn teithio'r byd fel cantores opera broffesiynol ond mae'n fraint ei chael hi'n ôl yn ein plith. Rhowch groeso mawr i seren y fro, Lois Ifans!'

*Lois! Wrth gwrs, y fenyw ar y CD!* meddyliais. Dwedodd Siôn ei bod hi'n

---

**direidus** – *mischievous*

**ael(iau)** – *eyebrow(s)*

**argraff** – *impression*

ffrind i'r teulu. Byddai hynny'n esbonio pam roedd Dylan yn siarad â hi yn y capel. Eto, dechreuais deimlo braidd yn lletchwith.

Fel arfer, dw i ddim y math o berson sy'n teimlo'n genfigennus ... ond diawl, roedd Lois yn bert ... ac yn dalentog ... ac yn ddoniol, a'i bywyd hi'n swnio'n ffantastig. Dangosodd luniau ohoni ei hun yn canu gyda Bryn Terfel yn Milan, Il Divo yn Efrog Newydd, ac roedd hi hyd yn oed wedi canu o flaen y Pab! Felly pam yn y byd ddaeth hi'n ôl i Drebedw? A dyna ble y daeth tro yn ei stori.

Eglurodd Lois iddi gael llawdriniaeth ar ei gwddf. Achosodd y llawdriniaeth y fath niwed, doedd hi ddim yn gallu canu'n broffesiynol am amser maith. Dros nos, daeth ei gyrfa fel cantores i ben a chafodd ei breuddwydion eu sathru'n siwps. Bellach roedd Lois wedi dychwelyd i Gymru fach ac wedi derbyn swydd fel athrawes gerddoriaeth yn Ysgol Trebedw. Sôn am dynnu dagrau i'r llygaid! Dim fi oedd yr unig berson i estyn am hances.

Yn anffodus, jyst ar y foment emosiynol honno, canodd ffôn symudol rhywun yn y gynulleidfa. Trodd llu o wynebau rownd a dyma finnau'n dechrau twt-twtian gyda nhw nes i fi sylweddoli mai fy ffôn i oedd yn canu.

'Shit! ... I mean, yffarn dân! ... I mean, damo!'

O'r diwedd, des i o hyd i'r blincin peth ar waelod fy mag. Cyn i fi ei ddiffodd, sylwais ar yr enw ar y sgrin: Trudy, sef fy nghyn-fòs ar *Make Me a Star*. Beth mae hi eisiau, tybed? wfftiais. Diffoddais i fy ffôn a dyma Lois yn dechrau carthu'i gwddf. Edrychodd hi i fyw fy llygaid cyn troi ei phen yn swta.

---

| | |
|---|---|
| **cenfigennus** – *jealous* | **cyn-fòs** – *ex-boss* |
| **y Pab** – *the Pope* | **carthu'i gwddf** – *to clear her throat* |
| **llawdriniaeth** – *surgery* | **swta** – *abrupt* |
| **sathru'n siwps** – *to flatten completely* | |

'Fel o'n i'n gweud ...'

Do'n i ddim yn gallu ei beio hi chwaith.

* * *

Yn y car ar y ffordd adre, ro'n i dal i wingo mewn cywilydd.

'Blincin typical!' ebychais. 'Bydd pawb yn meddwl mai twpsen lwyr ydw i!'

Ceisiodd Nansi wneud i fi deimlo'n well.

'Paid â phoeni, fydd neb yn cofio. Byddan nhw i gyd yn rhy brysur yn sôn am Lois, druan.'

'Wrth gwrs, chi'n iawn,' cytunais. 'Druan fach. Mae bywyd mor annheg ambell waith.'

'Dw i'n falch bo' ti ddim yn dal dig yn erbyn Lois,' dwedodd Nansi. 'Mae'n rhaid i fi gyfadde, cafodd Celyn dipyn o waith i 'mherswadio i i fynd â ti gyda fi heno.'

'Celyn?'

'Mae hi'n ffrindiau gorau gyda Lois, ti'n gweld ... dyna sut wnaeth Dylan a Lois gwrdd yn y lle cynta.'

'Dylan ... a Lois?'

Saib.

'Nansi?'

Tynhaodd hi ei gafael ar olwyn lywio'r car.

'O blydi hel!' ebychodd Nansi. 'Dw i wedi rhoi 'nhroed ynddi, yn do fe? Ta beth, mae llawer tro ar fyd wedi bod ers hynny ...'

---

**gwingo** – *to squirm*

**dal dig** – *to hold a grudge*

**tro ar fyd** – *turn of events*

'Oddi ar *beth* yn union?'

Gwingodd Nansi.

'Mae hawl 'da fi wybod hanes fy ngŵr, Nansi.'

'Ti'n iawn … ddyle Dylan fod wedi dweud y cyfan wrthot ti amdano fe a Lois.'

'Be amdanyn nhw?'

'Ro'n nhw wedi dyweddïo. Cynlluniodd Dylan y tŷ ar ei chyfer …'

'Y tŷ mae e'n adeiladu nawr? Ein tŷ *ni*?'

'Dyna ni – eich tŷ *chi* yw e nawr, felly does dim ots am y gorffennol. Yr unig beth sy'n bwysig yw eich bod chi'ch dau'n briod ac yn hapus.'

Gyda phob un gair, llwyddodd Nansi i wneud y sefyllfa'n waeth.

'Rwyt ti, Katie, wedi helpu Dylan … wedi iddo dorri ei galon.'

'Roedd e wedi torri ei galon?' gwichiais.

'Ddim ei thorri hi, chwaith … ei chleisio dipyn bach, 'na i gyd!'

'Pam ddaeth y berthynas i ben?'

'Wel … dim fy lle i yw …'

'Dere 'mlaen, Nansi. Y gwir plis?!'

'Y gwir yw 'mod i wedi gweud gormod yn barod. Rhaid i ti siarad â Dylan.'

Ddwedais i'r un gair weddill y siwrne adre ond roedd Nansi'n dal i siarad fel melin bupur. Mae hi'r math o berson sy'n casáu distawrwydd. Edrychais drwy'r ffenest a thrio dychmygu pam yn y byd roedd Dylan wedi methu sôn wrtha i fod ganddo ddyweddi unwaith. Roedd meddwl am Dylan a Lois yn y tŷ newydd, yn briod, yn hapus … yn boenus a dweud y lleia.

'Wel, beth wyt ti'n meddwl?' holodd Nansi, wrth i ni gyrraedd Plas Mawr.

---

**dyweddïo** – *to become engaged*

**cleisio** – *to bruise*

**siarad fel melin bupur** –
*a saying: to talk nineteen to the dozen*
*(lit. like a pepper mill)*

'Sori,' atebais, 'ro'n i'n bell i ffwrdd. Beth wedoch chi?'

'Mae Heddyr yn chwilio am berfformwyr ar gyfer y Noson Lawen i godi arian i'r ysgol. Nawr dy fod ti wedi gorffen y cwrs WLPAN, bydd eisiau i ti neud rhywbeth i gadw'n brysur.'

'Dw i ar goll Nansi, beth yw Noson Lawen?' gofynnais.

'Noson o adloniant. Noson o sbort a sbri. Mae pobl leol yn cymryd eu tro ar y llwyfan i ddiddanu'u ffrindiau gyda chân, neu gerdd, neu gomedi – rhywbeth felly. Yn yr hen ddyddiau, basai nosweithiau llawen yn digwydd mewn ysgubor ar un o'r ffermydd lleol. Basai'r gynulleidfa'n eistedd ar fêls gwair.'

'Felly, rhyw fath o sioe dalent yw hi.'

'Yn gwmws! Ychydig bach fel *Make Me a Star* ...'

'Ond mewn ysgubor ...'

'Felly, beth yw dy ddawn di, Katie?'

'Fi?' ebychais.

'Ie. Pam lai? Wyt ti'n canu?'

'Na'dw.'

'Wyt ti'n dawnsio?'

'Na'dw.'

'Wel, beth *wyt* ti'n gallu neud?'

'Cynhyrchu.'

'Arbennig! Wna i ddweud wrth y pwyllgor fod gyda ni gynhyrchydd ar gyfer y Noson Lawen. Diolch, Katie!'

A chyn i fi gael cyfle i brotestio, dringodd Nansi mas o'r car a throtian i ffwrdd i gyfeiriad y tŷ. A dyna ddiwedd ar y mater.

---

**adloniant** – *entertainment*

**diddanu** – *to entertain*

**ysgubor** – *barn*

# 8

# Cweryl Cariadon

'Mae Mam yn gweud bo' ti 'di cytuno i helpu gyda'r Noson Lawen,' meddai Dylan dros frecwast y bore canlynol.

'Hmm ... gawn ni weld,' atebais.

Ro'n i'n darllen e-bost wrth Trudy, fy nghyn-fòs, ar fy ffôn. Ar ôl clywed 'mod i ddim yn gweithio ar *Holiday Romance* rhagor, roedd hi'n cynnig swydd i fi fel cynhyrchydd ar gyfres newydd *Make Me a Star*.

'Katie? Ti wedi bod yn syllu ar dy ffôn ers tro. Oes rhywbeth yn bod?' gofynnodd Dylan.

Edrychais i arno fe, braidd yn gas.

'Dw i ddim yn gwybod, Dylan, *oes* rhywbeth yn bod?'

Doedd e erioed wedi 'ngweld i'n grac o'r blaen.

'Ti ddim yn edrych yn hapus ...'

'Hapus? Dw i wrth fy modd! Does gen i ddim swydd, dim tŷ, a dw i newydd ddarganfod bod fy ngŵr i'n cadw cyfrinachau oddi wrtha i.'

Edrychodd Dylan arna i'n hurt.

'Pryd o't ti'n mynd i sôn am dy gyn-ddyweddi, Dylan? A'r ffaith ei bod hi'n byw yn yr un dref â ni!'

---

**cyn-ddyweddi** – *ex-fiancé*

44

'Alla i esbonio'r cyfan ...' baglodd Dylan dros ei eiriau.

Dyna pryd y cerddodd Siôn i mewn i'r gegin. Cymerodd un olwg ar fy wyneb a cherdded mas yn syth.

''Drycha,' meddai Dylan, 'mae'n amhosib i ni siarad fan hyn. Beth am i ni fynd am dro? Dw i'n addo, alla i esbonio'r cyfan.'

\* \* \*

Ddeg munud wedyn ro'n i wedi gwisgo fy nghot a fy sgidiau newydd ac yn brasgamu lan y bryn tu ôl i Blas Mawr. A finnau'n ferch o'r ddinas, do'n i erioed wedi mentro mor bell i ganol cefn gwlad o'r blaen. Doedd dim clem 'da fi ble o'n i'n mynd chwaith. Rhuthrodd Dylan ar fy ôl i.

'Dw i'n sori, Katie!' ebychodd. 'Ddylen i fod wedi gweud wrthot ti am Lois, dw i'n deall hynny nawr. Ond ro'n i'n becso y basai hynny'n dy ddychryn di.'

'Fy nychryn i?'

'Codi ofn arnat ti ...'

'Paid ti ceisio fy nrysu i â geiriau ffansi!'

'Dw i ddim! Plis, Katie ...'

'Pam wnaethoch chi wahanu, 'te?'

Ochneidiodd.

'Mae'n gymhleth ...'

'Rhy gymhleth i dwpsen fel fi ddeall?'

'Do'n i ddim yn meddwl hynny!'

'Wel dere 'mlaen, 'te, dw i'n gwrando.'

---

**baglu** – *to trip*

'Dechreuodd gyrfa Lois o ddifri ...'

'A-ha! Fel 'na mae deall pethau! Ti ddim yn gallu ymdopi â menyw'n cael ei gyrfa ei hun?'

'Dim dyna oedd y broblem ... ond cafodd Lois gyfle i weithio dramor a symud i America. Do'n i ddim yn fodlon mynd gyda hi.'

'Wel mae hi 'nôl yng Nghymru nawr. Dim fy lle i yw dod rhwng dau sy'n caru ei gilydd! Gobeithio y byddwch chi'n hapus iawn gyda'ch gilydd.'

A dyma fi'n dechrau cerdded i ffwrdd. Doedd dim syniad 'da fi ble o'n i'n mynd ond ro'n i'n rhy grac i weld rheswm.

'Katie! Aros!' bloeddiodd Dylan gan redeg ar fy ôl i. 'O ddifri nawr, Katie, aros! Dyw'r llwybr 'na ddim yn saff!'

Des i i stop jyst mewn pryd ... ar ymyl y dibyn.

* * *

'Waw!'

A'r haul yn torri drwy'r cymylau dros ddyffryn Tywi, ro'n i'n gallu gweld am filltiroedd. Ymdroellai afon Tywi fel rhuban sidan trwy'r caeau gwyrddlas. Roedd castell Trebedw i'w weld yn y pellter, a'r cyfan yn disgleirio dan fôr o oleuni.

'Ti'n gweld?' meddai Dylan. 'Sut allen i adael Cymru fach?'

'Mae'n brydferth,' cytunais i, 'ond dw i ddim yn siŵr ydw i'n ffitio i mewn fan hyn.'

'Wrth gwrs dy fod ti'n ffitio i mewn – ti'n neud yn ffantastig gyda'r iaith a phopeth. Mae pawb yn dy garu di.'

---

**ymdopi** – *to cope*

**dibyn** – *precipice*

**ymdroelli** – *to meander*

'Mae dy chwaer yn fy nghasáu i.'

'Paid ti â phoeni amdani hi ... mae hi'n chwerw am ei phriodas ei hunan. Dyw hi ddim yn gallu ymdopi â hapusrwydd unrhyw un arall. Wna i siarad â hi ...'

'Nid dim ond Celyn yw'r broblem. Mae llawer o bethau. Mae angen pwrpas arna i. Dw i angen gweithio.'

Cofiais am y neges ar fy ffôn a theimlo fy hen fywyd yn fy nenu: gyrfa, arian, hunan-barch.

Cydiodd Dylan yn fy llaw.

'Beth am i ni symud i Gaerdydd, 'te?' cynigiodd. 'Mae mwy o waith teledu yno a dim ond cwpwl o oriau o Lundain faset ti wedyn.'

Syllais arno'n syn.

'Ond beth am y busnes? Alli di ddim jyst gadael Melin Merlin i Celyn.'

'Galla. Dw i'n moyn i ti fod yn hapus, gyda fi, Katie. Fan hyn, neu ble bynnag arall. Dw i ddim eisiau dy golli di, Katie. Ti'n werth y byd i fi.'

\* \* \*

Mae'n anodd iawn aros yn grac 'da Dylan. Gall fod mor annwyl ... ac maen nhw'n dweud mai cymodi yw'r peth gorau am bob cweryl, yn 'dyn nhw? Ro'n ni wrthi'n 'cymodi' yn y llwyni ar ben y bryn pan glywon ni sŵn yn dod yn nes – sŵn olwynion a lleisiau. Roedd un llais yn sefyll allan o'r dorf – llais Bethan o'r gwersi Cymraeg. Cofiais iddi ddweud ei bod hi'n arwain criw o famau ar daith ffitrwydd o gwmpas yr ardal bob bore.

'Un a dau, un a dau,' ebychodd Bethan, 'dewch 'mlân, Mamis! Chi'n

---

**hunan-barch** – *self-respect*

**cymodi** – *to make up, to reconcile*

gallu neud hyn! Dim ond bryn bach yw e!'

'Glou!' hisiais wrth Dylan. 'Mae'r bygi-brigêd yn dod!'

Wrth i Dylan gau ei fotymau, tynnais fy jîns amdana i, ond doedd dim golwg o fy nicyrs yn unman! Doedd dim amser i fi chwilio amdanyn nhw chwaith achos cyn pen dim daeth y criw mamau a babanod dros y bryn. Dringais mas o ganol y llwyni gan geisio ymddangos yn ddidaro.

'O haia, ledis!' mentrais i. 'Ro'n ni jyst, ym ... yn chwilio am ... rywbeth.'

Roedd Dylan yn dal yng nghanol y llwyni, yn chwilota.

'O, wir?' dwedodd Bethan gan biffian chwerthin. 'Beth wyt ti wedi colli?'

'Ym, wel ...'

A dyma Dylan yn ymddangos o ganol y dail a'r nicyrs yn ei law.

'Dyma nhw!'

'O, diolch!' atebais, a chipio'r dilledyn o'i afael cyn i neb gael cyfle i weld yn iawn. 'Joiwch eich taith, ledis,' dwedais, gan drio ymlwybro i ffwrdd.

'A chithe!' atebodd Bethan. 'A Katie, paid anghofio'r Clwb Clecs bore fory yn y Ganolfan Gymraeg!'

'Bydda i yno.'

'Ti'n meddwl bod unrhyw un wedi dyfalu?' gofynnais i Dylan, wrth i ni gerdded tuag adre.

'Naddo, siŵr ...' meddai e, ychydig yn orhyderus, 'wnaethon ni eu twyllo nhw'n llwyr.'

---

**didaro** – *nonchalant*

**chwilota** – *to rummage*

**dilledyn** – *item of clothing*

**gorhyderus** – *overconfident*

# 9

# Siôn a Siân

Cyrhaeddais i'r Ganolfan Gymraeg y bore canlynol i weld Bethan yn aros amdana i yn y caffi, yn wên i gyd.

'Bore da, Minx!' cyhoeddodd hi.

'Minx?' holais i'n ddiniwed. 'Dw i ddim yn gwybod beth wyt ti'n feddwl ...'

Edrychodd hi arna i, ei llygaid yn pefrio.

'Dw i ddim yn eich beirniadu chi – dw i jyst yn eiddigeddus. Aros nes bod plant 'da chi – allwch chi ddweud ta-ta wrth y fath giamocs!'

Ar y gair, dechreuodd Cadi, y babi, lefain. Cododd Bethan y babi o'r pram a cheisio'i thawelu gyda llaeth o'i bron.

'O na!' ebychais. 'Dw i ddim eisiau plant. Dw i'n cael trafferth edrych ar ôl fy hunan heb sôn am fabi. Ta beth, faswn i byth yn gallu tynnu 'mron mas yn gyhoeddus fel 'na!'

Gwenodd Bethan arna i.

'Wir? Gest ti ddim trafferth ddoe ...'

Teimlais fy mochau'n cochi. Roedd hi'n amser imi newid y pwnc.

'Ble mae pawb arall?' gofynnais.

---

**yn gyhoeddus** – *in public*

49

'Maen nhw'n dod mewn munud ... ar ôl gorffen clocsio.'

'Clocsio?'

Wir, roedd hi'n anodd dychmygu rhai o bobl fy nosbarth Cymraeg yn eu clocs yn dawnsio. Mae Mags yn DJ gyda'r nos; mae ganddi datŵs a modrwy yn ei thrwyn. Mae Liz mor swil â llygoden, ac wedyn dyna Gaz: cyn-chwaraewr rygbi a mynydd o ddyn!

'Chwarae teg, maen nhw'n cymryd Sioned ar ei gair wrth ddysgu am ddiwylliant Cymraeg.'

Wfftio wnaeth Bethan.

'Nid y diwylliant Cymraeg sy'n eu denu nhw – mae'r athro'n bishyn!'

Ar y foment honno agorodd drws yn y coridor a dyma ein cyd-ddysgwyr yn dod i'r golwg, yn chwyslyd ac yn fyr eu gwynt.

'Dal y babi am funud, wnei di?' gofynnodd Bethan. 'Dw i'n mynd i roi fy enw lawr ar gyfer y dosbarth nesaf.'

Cyn i fi gael cyfle i wrthod, roedd y babi yn fy mreichiau.

Do'n i ddim yn gallu cofio'r tro diwethaf i fi ddal babi. Syllais ar Cadi. Syllodd hithau 'nôl arna i. Do'n i ddim yn gwybod beth i'w ddweud.

'Helô ... Cadi,' mentrais o'r diwedd. 'Katie ydw i. Falch i gwrdd â ti.'

Ges i wên ddi-ddant, hyfryd. Llwyddiant!

'Dw i'n dod o Lundain yn wreiddiol,' es i 'mlaen.

Dim gwên y tro 'ma. Rhaid i fi wneud yn well. Edrychais i rownd mewn penbleth. Beth wyt ti i *fod* neud gyda babi? Wedyn dyma fi'n gweld rhyw dad ar ochr arall y caffi, yn bownsio'i fab yn ei gôl.

*Bownsio. Iawn. Dw i'n gallu bownsio*, meddyliais.

Es i amdani. Bownsio. Bownsio. Dechreuodd Cadi chwerthin yn braf!

---

**clocsio** – *to clog dance*

**pishyn** – *a good-looking person*

**chwyslyd** – *sweaty*

**di-ddant** – *toothless*

**penbleth** – *bewilderment*

Dechreuais i feddwl falle nad oedd babanod mor wael â hynny wedi'r cwbl. A dweud y gwir, ro'n i bron yn barod i gyfadde fod Cadi'n eitha ciwt … nes chwydodd hi. Nawr, wrth sôn am chwydu, dw i ddim yn sôn am gawod fach, chwaith. Dw i'n sôn am don fawr. Ro'n i'n edrych fel tase rhywun wedi taflu llond bwced o gaws gwyn drosta i!

Rhoddais y babi 'nôl i'w mam – roedd hi'n chwerthin nerth ei phen erbyn hyn – a minnau'n addo i fi fy hunan na faswn i byth yn cael plant.

* * *

Cyrhaeddais i adre i Blas Mawr yn barod i neidio'n syth i mewn i'r gawod. Roedd cyfarfod cyntaf pwyllgor y Noson Lawen y prynhawn hwnnw ac ro'n i'n gwybod y byddai Lois yno. Roedd rhaid i fi edrych ar fy ngorau.

Pan agorais ddrws y gegin, ges i sioc o glywed llais – llais Lois – yn atseinio drwy'r tŷ cyfan. Doedd dim dianc rhag y fenyw! Roedd rhywun wedi codi sain y stereo i'r eitha.

'Nansi?' galwais i. 'Celyn?'

Doedd dim gobaith i neb fy nghlywed; roedd llais Lois yn gwneud i wydr y ffenestri grynu i gyd. Mentrais lan llofft ar drywydd y sŵn. Roedd e'n dod o stafell Dylan, hynny yw, ein stafell ni. Sefais ar y landin yn sbecian drwy gil y drws. Gwelais fflach o les gwyn a sylweddoli ar unwaith beth oedd hwnnw – fy ffrog briodas! *Digon yw digon*, meddyliais. Byrstiais drwy'r drws i weld rhywun yn dawnsio o flaen y drych, yn gwisgo fy ffrog briodas! Sefais yn stond, yn syllu'n gegrwth.

'Siôn!'

---

**ar drywydd** – *on the trail of*

**cegrwth** – *open-mouthed, flabbergasted*

Sgrechiodd Siôn a diffodd y peiriant CD. Ciliodd i gornel y stafell, ei fochau'n llosgi gan gywilydd. Yna, distawrwydd llethol, a hwnnw'n llenwi clustiau'r ddau ohonom. Pan ddes i o hyd i 'nhafod unwaith eto, dyma fi'n dweud,

'Siôn, ti'n edrych ...'

Cuddiodd ei wyneb yn ei ddwylo.

'Paid â gweud!'

'Ti'n edrych ... yn syfrdanol!'

Cododd ei wyneb yn araf. Falle mai eisiau gweld a o'n i'n chwerthin ar ei ben oedd e – ond do'n i ddim. Iawn, roedd e wedi gor-wneud y colur, ac roedd un o'i fronnau hosan wedi llithro i lawr ychydig, ond heblaw am hynny, roedd e'n edrych yn brydferth. Yn wahanol i fi, y foment honno.

Crychodd Siôn ei drwyn.

'Beth yw'r gwynt cas 'na?'

'Wmmff. Paid â gofyn! Beth am i ni'n dau dacluso, wedyn gawn ni baned a chlonc, ife?'

* * *

Wedi golchi'r holl bethau ych-a-fi o 'ngwallt, ro'n i'n teimlo'n llawer gwell. Doedd Siôn ddim yn edrych yr un mor fodlon. Ymlusgodd i mewn i'r gegin a'i wyneb yn llawn pryder.

'Plis, paid â sôn wrth Mam,' meddai, mewn llais pitw bach.

'Wrth gwrs wna i ddim!' dwedais i gan roi mỳg o de o'i flaen e.

Agorais becyn o fisgedi siocled hefyd.

---

**llethol** – *overwhelming*

**syfrdanol** – *amazing*

**ymlusgo** – *to trudge*

**pitw** – *tiny*

'Felly. Ers pryd wyt ti wedi bod yn ... gwisgo lan?'

Cododd ei ysgwyddau.

'Does dim rhaid i ti fod yn swil.'

Cymerodd fisgïen.

'Dw i'n sori am wisgo dy ffrog briodas di heb ofyn ...'

'Mae'n iawn. Wir i ti, ro't ti'n edrych yn wych ynddi.'

Cydiais yn ei law.

'Siôn? Alli di siarad â fi ...'

Cododd ei lygaid a sylwais ar wên fach yn tynnu ar gorneli ei geg.

'Mae gen i ffrind yn Llundain, yn gwmws fel ti,' dwedais i. 'Mae hi wedi cael llawdriniaeth a hormonau ...'

Dechreuodd Siôn biffian chwerthin.

'Beth sy'n ddoniol?' gofynnais. 'Dw i'n trio 'ngorau glas fan hyn ...'

'Ti wedi camddeall yn llwyr,' protestiodd Siôn. 'Dw i ddim eisiau bod yn fenyw. Dw i eisiau bod yn *drag queen*!'

# 10

# Pice ar y Maen

'Ble mae tad Siôn?' gofynnais i Nansi'r prynhawn hwnnw. Roedd hi'n dangos i fi sut i wneud pice ar y maen. Dw i ddim yn dda yn y gegin o gwbl ac ro'n i'n gwybod bod Nansi'n dechrau colli amynedd gyda fi.

'Katie fach, mae eisiau i ti neud toes, nid briwsion ...'

Cymerodd hi drosodd gyda'r gwaith tylino.

'Wel?'

Ochneidiodd.

'Caerdydd. Mae Hedd yn byw yng Nghaerdydd.'

'Pam?'

'Mae'n stori hir ...'

'Un peth sy gyda fi ar hyn o bryd, Nansi, yw amser.'

Rhoddodd bêl o does i fi gael rholio. Wnes i annibendod llwyr o hynny. Edrychodd Nansi arna i'n boenus.

'Wna i rolio. Fe alli di dorri'r cylchoedd.'

'Felly pam mae Hedd yn byw yng Nghaerdydd?'

'Wnaeth e gadw'r tŷ yng Nghaerdydd ar ôl yr ysgariad.'

Hyd yn hyn, doedd y stori ddim yn un hir na chymhleth. Allen i ddim

---

| | |
|---|---|
| **pice ar y maen** – *Welsh cakes* | **tylino** – *to knead* |
| **toes** – *dough* | **annibendod** – *mess* |
| **briwsion** – *crumbs* | **ysgariad** – *divorce* |

beio neb am fynnu ysgariad wrth Celyn – y wrach! Fel tase Nansi'n gallu clywed fy meddyliau, trodd ataf a dweud,

'Doedd hi ddim wastad mor chwerw, ti'n gwybod. Roedd hi'n arfer bod yn annwyl ac yn siriol.'

Gan wneud yn siŵr bod neb o gwmpas, aeth Nansi draw at y seld a thynnu llun allan o un o'r droriau. Llun priodas Celyn oedd e – mewn ffrâm arian. Roedd hi'n anodd credu mai'r fenyw hapus yn y llun oedd yr un Celyn sur ro'n i wedi dod i'w hadnabod. Edrychais ar Hedd, ei gŵr tal a golygus, a deall yn syth pam fethodd y briodas.

'Pryd ddaeth e mas yn hoyw?' gofynnais.

Ebychodd Nansi'n syn.

'Sut wnest ti ddyfalu? Roedd y peth yn ergyd drom i ni i gyd!'

'Gweithio ar raglen ddêtio, sbo ... wnaeth hynny hogi fy *gaydar* i.'

'Wel y jiw jiw.'

'Ydy Siôn yn cael gweld ei dad?'

'Ydy siŵr, fel arfer. Ond mae Hedd yn gweithio dramor ar hyn o bryd. Mae'n gweithio ... gweithio fel perfformiwr ar long bleser fawr.'

'Paid â gweud ... mae e'n *drag queen*.'

'Wel, wir, Katie, mae'r atebion i gyd gyda ti, felly dw i ddim yn gwybod pam ti'n gofyn i fi!'

Edrychodd ar y toes o'n i wedi bod yn ei dorri. Roedd e'n edrych fel fest rwyllog.

'Gawn ni weld a alla i achub y pice ar y maen mewn pryd ar gyfer cyfarfod pwyllgor y Noson Lawen.'

---

**gwrach** – *witch*

**hoyw** – *gay*

**ergyd** – *a blow*

**hogi** – *to sharpen*

**fest rwyllog** – *string vest*

* * *

Hyd yn oed os dw i'n dweud hynny fy hunan, roedd y pice ar y maen yn flasus iawn. Ac ro'n i'n ysu i gael dangos fy nghampweithiau i Dylan.

'Dw i jyst yn mynd i bigo draw i'r ffatri ...' eglurais wrth Nansi

'Paid bod yn hir,' meddai, ''dyn ni ddim eisiau bod yn hwyr ar gyfer y cyfarfod.'

Y cyfarfod. Roedd yn gas gen i feddwl am y blincin cyfarfod. Rhaid bod rhyw ffordd o ddianc rhag y peth.

'Bydda i 'nôl mewn eiliad, dw i'n addo!'

Roedd hi'n braf cael dianc o'r tŷ a chael teimlo chwa o awyr iach ar fy mochau. Cerddais ar draws yr iard ac edrych ar draws y caeau gwyrdd o gwmpas y clos. Gallwn ddychmygu Dylan yn chwarae ynddyn nhw yn fachgen bach. A oedd hi'n deg i fi ofyn iddo fe adael ei gartre er mwyn i fi allu dilyn fy ngyrfa i? Tynnais fy ffôn o 'mhoced a gweld 'mod i wedi colli galwad: Trudy. *Bydd rhaid i fi ei ffonio hi 'nôl rhywbryd. Bydd rhaid i fi wneud penderfyniad am y swydd.*

Cyrhaeddais i gyntedd y ffatri a syllu drwy'r ffenest ar y gweithdy. Doedd neb yno, felly es i lawr y coridor tua'r ffreutur. *Rhaid bod pawb yn dal wrthi'n bwyta'u cinio*, meddyliais. Wrth i fi fynd yn nes, clywais leisiau'n codi i'r awyr.

'Calon lân yn llawn daioni ...'

Mentrais i mewn i'r ffreutur a'u gweld nhw i gyd yno: Jill, y ddau Huw, Lev, Ffranc y Llanc a Gwerfyl. Wrth i'r nodyn olaf atseinio drwy'r stafell, dyma fi'n dechrau cymeradwyo.

---

**campweithiau** – *masterpieces*          **cymeradwyo** – *to applaud*

**chwa** – *breeze*

**gweithdy** – *workshop*

56

'Waw, bois! Roedd hynna'n wych!'

'Katie fach,' meddai Huw Offeryn, 'sut mae'r hwyl?'

Do'n i ddim wedi clywed hynny o'r blaen.

'Yr hwyl?'

'Shwt-ti-boi?' meddai eto.

'Fel y boi, 'achan!'

Nawr fod y gân wedi gorffen, dechreuodd y côr bach chwalu.

'Ydych chi wastad yn canu fel 'na yn y ffreutur?' gofynnais.

'O ydyn,' meddai Jill, yn cilwenu. 'Ni'n Gymry ...'

'Mae byw yng Nghymru yn gwmws fel byw mewn sioe gerdd,' eglurodd Gwerfyl, 'mae pobl jyst yn canu nerth eu pennau ar y stryd ...'

Sylwais ar y fflach ddireidus yn ei llygaid.

'Ydych chi'n gwneud hwyl am fy mhen i?'

'Dim ond ychydig bach,' atebodd Huw a gwenu.

'Wel, 'na drueni, achos mae gen i gynnig arbennig i chi ...'

'Cynnig arbennig?' ebychodd Lev. 'Beth yw e, codiad?'

'Tasen *i*'n fòs arnoch chi, bydden i'n rhoi codiad i bob un ohonoch chi!' cytunais i, ac am ryw reswm, dechreuodd rhai o'r bois chwerthin dros y lle.

'Be sy'n ddoniol?' holais.

Rholiodd Jill ei llygaid.

'Anwybydda nhw. Beth yw dy gynnig di?'

'Meddwl o'n i, a oes diddordeb 'da chi mewn perfformio yn y Noson Lawen, y penwythnos nesaf?'

Tynnu stumiau wnaeth Jill.

---

**cilwenu** – *to smirk*

**codiad** – *rise, erection*

'Na ... dw i ddim yn credu,' wfftiodd.

'Dim gobaith!' meddai Lev.

'Ond ... ond ... chi'n wych! Pam dych chi ddim yn fodlon canu ar y llwyfan?'

'Wyt *ti'n* mynd i berfformio?' holodd Huw Offeryn.

'Fi? Alla i ddim canu ... na dawnsio ...'

'Beth am adrodd?'

'Beth yw adrodd?'

'Ti'n gwybod, adrodd cerdd neu stori...'

'Dyw hynny ddim yn ... "thing" ...'

'Esgusodwch fi! Ti'n siarad â phencampwr adrodd Eisteddfod Bro Bedw 2011!'

Do'n i ddim yn gwybod beth oedd hynny'n ei feddwl ond ceisiais wenu mewn edmygedd.

'Wna i neud bargen â ti,' meddai Huw. ''Dyn ni – Bois y Ffatri – yn fodlon canu, os wnei di, Katie, adrodd cerdd.'

*Adrodd cerdd. Reit, pa mor anodd all e fod?* meddyliais.

'Iawn 'te. Bargen!'

Dim ond wedyn wnes i feddwl eilwaith am y busnes canu yn y ffreutur.

'Pam *ro'ch* chi'n canu yn y ffreutur ta beth?' gofynnais.

'Wel, ymarfer ar gyfer y Noson Lawen, wrth gwrs!' eglurodd Huw gyda chwinc. 'Roedd Celyn wedi gofyn i ni'n barod.'

'Rhag dy gywilydd di, Huw Offeryn!' ebychais. 'Wnest ti fy nhwyllo i!'

'Wnes i ddim o'r fath beth! A bargen yw bargen – wnest ti gytuno! Felly dw i'n disgwyl i ti ddod rownd amser cinio fory i ymarfer.'

---

**adrodd** – *to recite*

**pencampwr** – *champion*

**edmygedd** – *admiration*

**rhag dy gywilydd** – *shame on you*

Dyna pryd ddaeth Celyn i mewn i'r ffreutur a golwg bigog ar ei hwyneb, fel arfer.

'Beth sy'n digwydd fan hyn?' cyfarthodd.

'Bach o ymarfer, 'na i gyd ...' mentrodd Huw.

'Wel, mae amser cinio drosodd. 'Nôl i'r gwaith, bawb!'

* * *

Llamais i lan y grisiau at swyddfa Dylan, yn teimlo'n gyffrous i gyd. Dyna pryd clywais i sŵn chwerthin menyw. O'm safle i, hanner ffordd i fyny'r grisiau, ro'n i'n gallu gweld drwy'r ffenest ond doedd Dylan ddim yn gallu fy ngweld i. Do'n i ddim yn meddwl ysbïo arno fe, ond do'n i ddim yn gallu tynnu fy llygaid i ffwrdd chwaith. Ro'n i'n gallu gweld Lois ... ei gwallt melyn yn chwipio o ochr i ochr, a'i llaw fain yn agosáu at wyneb fy ngŵr! Roedd hi'n anwesu ei foch ond tynnodd yntau o'i gafael a chamu 'nôl.

*Da 'machgen i,* meddyliais.

Gwenais i'r holl ffordd 'nôl i'r tŷ.

---

**llamu** – *to leap*

**anwesu** – *to caress*

# 11

# Y Cyfarfod

Ro'n ni'n hwyr i'r cyfarfod. Gyrrodd Nansi fel cath i gythraul, ond erbyn i ni ruthro i mewn i festri'r capel a'n gwynt yn ein dyrnau, roedd y cyfarfod wedi hen ddechrau.

'Aaaaaa,' meddai Mrs Gruffudd, 'a finnau wedi dechrau meddwl eich bod chi ddim am ddod.'

'Sori bo' ni'n hwyr,' meddai Nansi, 'ond 'dyn ni ddim wedi dod yn waglaw!'

Rhoddodd y pice ar y maen ar ganol y ford, er mawr lawenydd i weddill aelodau'r pwyllgor. Hynny yw, pawb ond Mrs Gruffudd, oedd yn edrych fel tase rhyw wynt cas yn goglais blaen ei thrwyn.

'Nawr 'te, ble o'n ni?' meddai hithau.

Doedd hi ddim wedi mynd yn bell pan gyrhaeddodd rhywun arall. Hwyliodd Lois i mewn i'r stafell yn llawn esgusodion.

'Dw i mor flin am fod yn hwyr,' meddai. 'Ro'n i'n ceisio denu ambell act arall ar gyfer y sioe.'

*Doeddet ti ddim*, meddyliais i, *ro't ti'n ceisio denu fy ngŵr i!*

Gwenu wnaeth Mrs Gruffudd.

---

**fel cath i gythraul** – *like a bat out of hell*

**a'n gwynt yn ein dyrnau** – *breathless*

**gwaglaw** – *empty-handed*

**goglais** – *to tickle*

'Paid ti â phoeni, blodyn. Ni'n lwcus i dy gael di.'

Symudodd y sgwrs yn glou ac yn fywiog. Roedd tua deg person o amryw oedrannau'n eistedd rownd y ford a phawb yn frwd i gynnig syniadau i achub yr ysgol leol. A dweud y gwir, roedd pawb yn siarad mor gyflym nes 'mod i'n cael trafferth deall popeth. Erbyn i fi benderfynu beth ro'n i am ei ddweud, roedd y sgwrs wedi symud ymlaen at rywbeth arall. Edrychais ar Lois, gyda'i gwallt perffaith a'i cholur di-nam, a thrio dyfalu a oedd hi'n dal mewn cariad â Dylan. Sylwais ei bod hi wedi gwrthod y pice ar y maen. Dyna, siŵr o fod, sut roedd hi'n aros mor denau. A finnau wedi bod yn magu pwysau fel 'dwn i ddim beth ers i fi symud i fyw i Gymru. Ro'n i newydd stwffio 'ngheg â chacen fach arall pan glywais fy enw'n codi yn y sgwrs.

'Mae fy merch-yng-nghyfraith, Katie fan hyn, yn gynhyrchydd teledu,' eglurodd Nansi. 'Roedd hi'n arfer gweithio ar *Make Me a Star* yn Llundain. Meddwl o'n i, gallen ni ddefnyddio'i sgiliau hi ar gyfer y Noson Lawen.'

'Wel, nefi blw!' meddai Mrs Gruffudd. 'Dyna ddiddorol. Pa syniadau sy gyda chi 'te, Katie?'

A 'ngheg yn llawn cacen, ces i drafferth dweud yr un gair!

'Wel, yyym ...' wnes i stryffaglu siarad trwy'r briwsion.

Edrychodd pawb arna i'n ddisgwylgar. Llyncais y gacen mor gyflym â phosib.

'Beth am rywun annisgwyl i gyflwyno'r noson?'

Cymylodd wyneb Mrs Gruffudd wrth glywed yr awgrym.

'Mr Gerallt Dafis sy *wastad* yn cyflwyno ein nosweithiau codi arian ni. Mae e'n broffesiynol – roedd e'n arfer cyflwyno'r tywydd ar S4C!'

---

**di-nam** – *flawless*

**stryffaglu** – *to struggle*

**disgwylgar** – *expectant*

**cymylu** – *to cloud over*

Ro'n i wedi cyfarfod â Gerallt Dafis yn y capel – hen ddyn digon hoffus, ond yn fyddar bost.

'Ond, os ga i awgrymu,' mentrais i'n ofalus, 'falle ei bod hi'n amser cael rhywun newydd ... rhywun ifancach.'

Roedd yna seibiant lletchwith am ychydig, nes i lais clir dorri ar draws y tawelwch.

'Dw *i*'n ddigon bodlon cyflwyno'r noson ... os yw hynny o help.'

Ebychodd sawl un o aelodau'r pwyllgor yn llawn cyffro.

'Am syniad arbennig!'

'Bendigedig!'

'Ardderchog!'

Felly rywsut, diolch i fi, bydd gan y Noson Lawen gyflwynydd newydd eleni, a honno'n gyflwynydd prydferth a disglair ... ie, dyna chi, Lois.

\* \* \*

Erbyn dydd Mercher ro'n i wedi trefnu pum act ar gyfer y Noson Lawen ac yn teimlo'n eitha balch ohono i fy hunan. Ar ôl siarad ag ambell ffrind yn y dosbarth Cymraeg, wnaethon nhw gytuno i ddod i berfformio fel 'Y Dysgwyr-Ddawnswyr'. Ro'n i wedi cael gafael ar bypedwr, consuriwr, a digrifwr, yn ogystal â 'Bois y Ffatri', wrth gwrs. Er hynny, roedd un lle ar ôl ... ac un person ar dân i gael llenwi'r bwlch.

'Wyt ti'n siŵr am hyn?' gofynnais i Siôn.

'Ydw! Beth? Ti ddim yn meddwl 'mod i'n gallu?'

---

**disglair** – *brilliant*

**pypedwr** – *puppeteer*

**consuriwr** – *conjuror*

**digrifwr** – *comedian*

**bwlch** – *gap*

'Wrth gwrs galli di! Dim becso am hynny ydw i. Becso am dy fam ydw i.'

'Dw i wedi ceisio dweud wrthi ... dod mas iddi ... sawl gwaith, ond dw i ddim yn meddwl ei bod hi eisiau clywed. Os wna i berfformio'n gyhoeddus ... wel, bydd *rhaid* iddi hi wrando!'

'Digon gwir ... os wyt ti'n siŵr.'

'Ydw. Dw i'n siŵr. Ond mae'n rhaid i ti addo cadw hyn yn gyfrinach wrth Wncwl Dylan a Mam-gu – pawb. Iawn?'

'Iawn. Addo. Diawl, ti'n mynd i gynhyrfu pawb yn y pentre!'

Gwenodd Siôn fel giât.

Dyma ni'n troi at y pethau pwysig wedyn.

'Be wyt ti'n mynd i wisgo?'

Es i draw at fy nghwpwrdd dillad am ychydig o ysbrydoliaeth. Tynnais ffrog goctel ddu allan. Edrychodd Siôn ar y ffrog, cyn syllu 'nôl arna i.

'Wyt ti'n siŵr mai ti sy berchen hon?'

'Hei, *cheeky*! Ro'n i'n byw bywyd cwbl wahanol cyn i fi gwrdd â dy wncwl ... ro'n i'n arfer mynd mas i lefydd cŵl yn Llundain drwy'r amser.'

'A wnest ti adael Llundain am Drebedw. Be sy'n bod arnat ti?'

Gwasgodd Siôn ei hun i mewn i'r ffrog a thynnu stumiau o flaen y drych.

'Hyfryd ... ond mae eisiau bach o golur, mwclis hefyd falle ...' awgrymais i.

Fe dreulion ni awr neu fwy yn gwisgo lan a thrio ambell edrychiad gwahanol ar gyfer act Siôn. Dangosais iddo fe sut i wisgo masgara, minlliw a phowdr. Mynnodd 'mod i'n gwisgo peth hefyd; felly, ar ôl

---

**cynhyrfu** – *to excite, to agitate*

**ysbrydoliaeth** – *inspiration*

**mwclis** – *necklace*

awr, ro'n ni'n dau'n edrych fel *drag queens.*

Wrth iddo fe ddawnsio o flaen y drych, cododd ei freichiau gan ddatgelu nyth o flew'r gesail.

'Bydd rhaid i ti gael gwared ar *hwnna!*' eglurais.

'Na fydd, siŵr – dyna'r gimig ...'

'Be ti'n feddwl?'

Chwyrlïodd o gwmpas y stafell gan ganu,

'Rhowch groeso cynnes i ... Siani Flewog!'

Roedd y ddau ohonom yn chwerthin mor uchel, chlywon ni 'mo'r drws cefn yn agor lawr llawr a llais Dylan yn galw,

'Katie?'

Ond clywon ni ei draed yn agosáu wrth ddod lan y grisiau.

'Glou! Cuddia yn y cwpwrdd!' hisiais ar Siôn.

Brasgamodd Dylan i mewn i'r stafell a golwg amheus ar ei wyneb.

'Katie?'

Ceisiais ymddangos yn ddidaro a dechrau tacluso'r llanast colur a dillad oedd dros bob man.

'Â phwy ro't ti'n siarad?' gofynnodd Dylan.

Codais fy ffôn a dweud celwydd.

'Neb ond hen ffrind ...'

Edrychodd Dylan yn syn ar fy ngwisg a'r colur.

'Ti'n edrych yn ... neis.'

Clywais biffian chwerthin yn dod o'r cwpwrdd, felly dyma fi'n dechrau siarad yn uchel,

'Diolch. Dw i jyst, ym ... yn trio rhyw edrychiad newydd ...'

---

**minlliw** – *lipstick*

**cesail** – *armpit*

**chwyrlïo** – *to spin*

'Iawn ond ... falle y byddi di braidd yn oer yn y brotest.'

'Protest. Pa brotest?'

Ro'n i wedi anghofio'n llwyr! Yr ysgol! Roedd pawb wedi trefnu cyfarfod tu allan i swyddfeydd y Cyngor i brotestio yn erbyn y cau gyda phlacardiau, yn barod i lafarganu, *Achub ein hysgol!*

'Y brotest!' ebychais. 'Dw i mor flin! Wna i fynd i wisgo jîns a fydda i'n barod mewn chwinciad.'

'Iawn,' meddai Dylan, ac eistedd ar y gwely.

'Yyym ...' baglais, 'alla i gael bach o breifatrwydd plis?'

Edrychodd Dylan arna i'n syn. Roedd e siŵr o fod yn meddwl am waelod y clogwyn yn Sbaen, ford y gegin a'r llwyni ar ben y bryn ...

'Preifatrwydd? *Wir?*'

Gwgais arno nes iddo fe godi a dweud y byddai e'n aros amdana i lawr llawr. Hanner ffordd allan drwy'r drws, trodd ata i a gofyn yn amheus,

'Wyt ti wedi gweld Siôn heddi?'

Ysgydwais fy mhen a dechrau siarad braidd yn rhy gyflym.

'Na. Dw i heb weld Siôn yn unman. Na, wir. Dyw Siôn ddim fan hyn.'

'Iawn,' atebodd Dylan yn araf, 'wela i ti whap.'

Caeais y drws yn glep a syrthiodd Siôn mas o'r cwpwrdd yn chwerthin dros bob man.

'Edrych!' meddai fe. 'Dw i mas o'r *closet*!'

---

**llafarganu** – *to chant*

**chwinciad** – *a wink*

65

# 12

# Ar Dân dros yr Iaith

Do'n i ddim yn disgwyl cymaint o dwrw. O'n i'n disgwyl gweld llond llaw o ffrindiau Nansi gyda fflasg o de a chwpwl o blacardiau. Ond rhag fy nghywilydd i am feddwl cyn lleied o allu Nansi! Roedd hi o ddifri. Pan gyrhaeddon ni swyddfeydd y Cyngor, roedd torf o brotestwyr yno'n barod – dros gant yn hawdd – a Nansi ar y blaen, yn cyfarwyddo'r dorf.

'Ife dy fam sy'n gyfrifol am hyn *i gyd?*' gofynnais.

'O ie,' meddai Dylan. 'Mae Mam yn wleidyddol dros ben. Aeth hi i'r carchar am fis pan o'n i'n fach.'

'Beth?' ebychais.

'Paid poeni ... laddodd hi neb. Dim ond difrodi eiddo cyhoeddus.'

Edrychodd ar fy wyneb syfrdan a chwerthin.

'Paid ag edrych mor bryderus. Mae llawer o'r bobl yma wedi bod i'r carchar dros yr iaith pan oedd y frwydr yn ei hanterth.'

Nodiodd ar Mrs Gruffudd.

'Na!'

Cododd Dylan ei aeliau a gwenu.

'Mae mwy i bobl Trebedw na'r hyn wyt ti'n weld ar yr wyneb.'

---

**cyn lleied** – *so little*

**cyfarwyddo** – *to direct*

**gwleidyddol** – *political*

**difrodi eiddo cyhoeddus** – *damaging public property*

**syfrdan** – *stunned, astonished*

**yn ei (h)anterth** – *at its peak*

Daeth tad Dylan draw a rhoi placard yr un i ni.

'Diolch i chi'ch dau am ddod,' meddai. 'Bydd Mam yn ddiolchgar iawn. Ydych chi wedi gweld Siôn o gwbl?'

''Co fe!' ebychais, wrth weld bod Siôn wedi sleifio i mewn i'r dorf wrth ochr ei fam. Roedd e wedi gwneud gwell jobyn na fi o gael gwared â'r colur a'r holl stwff ddefnyddion ni ar ein gwalltiau. Edrychodd Elfed ar y llond bwced o golur ar fy wyneb ac ar fy steil gwallt anferth cyn rhoi winc i fi.

'Wedi neud bach o ymdrech ar gyfer y camerâu, dw i'n gweld!'

'Camerâu?' gofynnais.

Do'n i ddim wedi sylwi ar y newyddiadurwyr yn cyrraedd. Wnes i geisio rhoi trefn ar fy ngwallt ond ro'n i'n dal i edrych fel Bonnie Tyler tua 1983! Drwy lwc, doedd ond un dyn camera. *Bydd hi'n ddigon hawdd i fi guddio yn y dorf*, meddyliais. *Wna i aros yn y cefn a fydd neb yn sylwi arna i.*

Dechreuodd y brotest o ddifri wedyn. Dilynodd pawb arweiniad Nansi – gan gynnwys fi: 'Cau ein hysgol – lladd ein hiaith! Achub Ysgol y Myrddin!'

Edrychais i o gwmpas a gweld pawb ro'n i'n nabod yn Nhrebedw yn codi eu lleisiau'n angerddol. Roedd Huw Offeryn yno, Sioned – fy athrawes – fy ffrindiau o'r cwrs WLPAN a chriw'r ffatri i gyd. Ro'n i'n rhyfeddu at bŵer yr iaith Gymraeg i dynnu pobl at ei gilydd – plant a phobl ifanc foch ym moch gyda diaconiaid y capel. Roedd hi'n braf cael teimlo'n rhan o'r fath gymuned arbennig. Codais fy llais gyda'r dorf a theimlo fel tasen i'n perthyn.

Dechreuais deimlo braidd yn boeth hefyd. Tybiais taw emosiwn y

---

**newyddiadurwyr** – *journalists*

**angerddol** – *passionate, intense*

sefyllfa oedd hynny. Wedyn dyma rhywun yn tynnu ar fy mraich. Wrth droi rownd, gwelais y dyn sy'n rhedeg siop y gornel yn syllu'n llawn arswyd arna i. Tynnodd y sigarét o'i geg a'i diffodd o dan ei droed.

'O, sori!' bloeddiodd. 'Damwain oedd e!'

Roedd gwynt cas yn yr awyr, gwynt gwallt yn llosgi.

Wedyn dyma fi'n clywed sgrech.

'Mae hi ar dân!' gwaeddodd Nansi. 'Mae Katie ar dân!'

* * *

'Ar Dân dros yr Iaith Gymraeg!' bloeddiodd pennawd y papur lleol.

Yn waeth fyth, cyrhaeddodd y newyddion raglenni teledu yn Lloegr. Wrth orwedd yn fy ngwely yn yr ysbyty, ro'n i'n gwingo mewn cywilydd – ac roedd hynny mor boenus â'r anafiadau! Roedd golwg ddifrifol iawn ar wyneb y ferch oedd yn cyflwyno'r stori ar y newyddion. Ar y sgrin tu ôl iddi roedd llun anferth ohona i, yn chwifio placard ac yn gweiddi nerth fy mhen gyda thrwch o golur ar fy wyneb a gwallt anferth – oedd ar dân! Ro'n i'n edrych fel rhyw fath o ddol Barbie oedd yn cael ei haberthu!

Yn ôl y ferch ar y newyddion, 'Galwyd y frigâd dân neithiwr ar ôl i fenyw roi ei hun ar dân wrth brotestio yn erbyn bygythiad cyngor Trebedw i gau Ysgol y Myrddin yn ne Cymru.'

Taflais sliper at y teledu.

'Maen nhw'n meddwl 'mod i'n eithafwraig! Ar yr holl blincin hylif gwallt 'na oedd y bai!'

| | |
|---|---|
| **arswyd** – *horror* | **trwch** – *(thick) layer* |
| **pennawd** – *headline* | **aberthu** – *to sacrifice* |
| **anafiadau** – *injuries* | **bygythiad** – *threat* |
| | **eithafwraig** – *extremist (female)* |

Diffoddodd Dylan y teledu. Gwasgodd fy llaw yn dynn a gwenu.

'O leia mae'r brotest wedi cyrraedd y newyddion ...'

Roedd e'n cael trafferth peidio â chwerthin.

'Hei! Dyw e ddim yn ddoniol!' ebychais.

'Dw i'n sori,' meddai Dylan. 'Dw i mor falch dy fod ti'n iawn; dw i ddim yn becso am unrhyw beth arall.'

Roedd e'n iawn; gallai pethau fod yn waeth. Drwy lwc, taflodd rhywun got dros fy mhen i ddiffodd y fflamau. Llosgais ychydig o 'ngwddf a 'nghlust, a cholli cryn dipyn o wallt, ond heblaw am hynny, ro'n i'n iawn.

Anwesodd Dylan fy llaw.

'Katie, mae gen i rywbeth i'w drafod 'da ti.'

'Trafod Lois?'

Syllodd Dylan arna i.

'Ti'n gwybod ...?'

'Mae hi eisiau ti 'nôl?'

'Na ...' atebodd gan chwerthin. 'Mae hi eisiau i fi ganu gyda hi yn y Noson Lawen.'

Wel, do'n i ddim yn disgwyl *hynny*.

'Ond o'n i'n meddwl bod hi ddim yn gallu canu rhagor.'

'Ddim yn broffesiynol falle, ond un deuawd bach ...'

'Ddylet ti neud e.'

'Wyt ti'n siŵr, Katie?'

'Wrth gwrs! O leia bydd hynny'n meddwl bod dim rhaid i fi adrodd y blincin gerdd 'na mae Huw Offeryn wedi ei dysgu i fi ... ta beth, dw i ddim wedi dy glywed di'n canu o'r blaen.'

Dyma fe'n rhoi cusan i fi. A ro'n i'n joio'r gusan honno nes i rywun dorri ar ein traws.

'Maen nhw wrthi unwaith eto!' meddai Bethan. 'Cuddia dy lygaid, Cadi!'

Cerddodd Bethan i mewn i'r stafell yn wên i gyd a rhoi tusw mawr o flodau i fi.

'Maen nhw'n hyfryd, diolch!' gwenais.

Wrth i Dylan roi'r blodau mewn fas, eisteddodd Bethan a Cadi ar y gwely.

'Druan â ti,' meddai Bethan. 'Dy wallt hyfryd di! Ond paid â becso dim, wna i sortio hwnnw. Cyn i fi gael Cadi, ro'n i'n trin gwallt yn Salon Siswrn.'

Edrychais yn ansicr ar yr hyn oedd yn weddill o fy ngwallt.

'Alli di neud i fi edrych yn weddol cyn y Noson Lawen?' gofynnais.

'Wrth gwrs galla i,' atebodd Bethan. 'Gad e i fi. Bydd gwallt byr yn dy siwtio di, ta beth.'

'Ti ddim yn bwrw 'mlaen â'r Noson Lawen, wyt ti?' gofynnodd Dylan i fi.

'Wrth gwrs 'mod i! Dyw rhwystr bach fel hyn ddim yn mynd i'n stopio i rhag trefnu'r sioe. A beth bynnag ... mae rhywun yn dibynnu arna i.'

Ar y gair, cyrhaeddodd Siôn.

'Anti Katie!'

Roedd ei fam yn llusgo tu ôl iddo fe, bag o rawnwin yn ei llaw. Sylwais ar fflach o dristwch yn croesi ei hwyneb hi wrth weld ei mab yn taflu ei hun i 'mreichiau.

'Wyt ti'n iawn?' gofynnodd Siôn.

---

**tusw** – *bunch, bouquet*

**grawnwin** – *grapes*

'Fel y boi, 'achan,' atebais. 'Paid â phoeni,' sibrydais, 'fydda i'n dal yn dy helpu di gyda dy act.'

Dechreuodd Celyn ddweud rhywbeth ond chafodd hi ddim cyfle i orffen ei brawddeg.

Roedd stŵr mawr yn y coridor tu fas i'r stafell. Daeth sŵn traed yn clip clopian yn gyflym, a nyrs yn protestio,

'Dim ond dau ymwelydd ar y pryd!'

'Stuff and nonsense!' meddai llais cyfarwydd.

Byrstiodd y drws ar agor.

'I demand to see my daughter!'

Mam oedd yn sefyll wrth y drws, a golwg wyllt ar ei hwyneb.

'This is an intervention!' ebychodd.

Camodd Dylan tuag ati, gan wenu'n gynnes.

'Hello again, Mrs Langley ...'

'Don't you Mrs Langley me, young man!' sgrechiodd Mam. 'You have radicalised my daughter!'

# 13

# Ymweliad y Siwpyr-Saeson

Doedd hi ddim yn hawdd tawelu Mam. Roedd hi wedi amau'r gwaethaf a chamddeall y cyfan. Er hynny, wedi paned o de (a thabled Diazepam) dechreuodd weld ochr ddoniol y peth.

'Felly damwain oedd e?'

'Damwain llwyr!'

'Wel mae hynny'n rhyddhad ... ond pam yn y byd ro't ti'n sefyll yn protestio gyda'r holl radicaliaid 'na yn y lle cyntaf?'

Ro'n i'n falch bod pawb ond Dylan wedi mynd adre erbyn hyn. Faswn i ddim am weld ymateb Celyn i'r gair 'radicaliaid'. Dechreuais esbonio wrth Mam pam roedd Dylan a fi yno, tan i fi weld Dylan yn gwgu arna i. Wedi tawelu Mam unwaith heddiw, doedd e ddim yn syniad da rhoi cyfle arall eto iddi ddechrau trafod gwerth yr iaith Gymraeg.

Diolch byth, cyrhaeddodd Dr Roberts yr eiliad honno i ddweud 'mod i'n rhydd i fynd adre.

'Dewch 'nôl i Blas Mawr gyda ni,' awgrymodd Dylan, ond roedd Mam yn pwdu.

'Mae Norman wedi trefnu gwesty i ni yn y dre. Wna i ffonio'r lle nawr i

---

**pwdu** – *to sulk*

ddweud bod Katie'n dod gyda ni hefyd.'

Dechreuodd Dylan brotestio.

'Mae Katie'n dod adre gyda *fi.*'

Roedd rhaid i fi dorri ar eu traws nhw.

'Esgusodwch fi, chi'ch dau! Dw i yma o hyd – o'ch blaen chi! A *fi* sy'n penderfynu be sy orau i fi.'

Edrychodd Mam arna i'n hurt.

'Mam, beth am i fi a Dylan fynd â chi am dro o gwmpas y dre?'

'Very well,' meddai hi, yn swta, 'but please wear a hat if you're going to show yourself in public.'

* * *

Dw i ddim yn gwybod beth ro'n i'n ei ddisgwyl ond dw i'n gwybod beth ro'n i'n gobeithio fyddai'n digwydd: basai Mam a Dad yn gweld Cymru am y tro cyntaf ac yn syrthio mewn cariad â'r wlad. Fe fasen nhw'n deall pam 'mod i yma ac fe fasen nhw'n hapus drosta i.

Gobaith ofer.

Dechreuon ni yn yr hen dref, lle mae adeiladau cerrig a thai crand o Oes Fictoria.

'Mae'n dre bert, on'd yw hi, Mam?' mentrais.

Bwriodd olwg i lawr y stryd.

'Mae'n ddigon tlawd yr olwg,' meddai.

Gwelais gyhyr yn tynhau yng ngên Dylan a gwasgais ei law yn dynn. Tynnodd anadl hir.

---

**gobaith ofer** – *vain hope*

**cyhyr** – *muscle*

'Chi'n joio hanes, on'd ych chi, Norman?' holodd Dylan Dad.

'Beth?'

Roedd rhaid i Dylan ailadrodd ei hun, achos bod Dad braidd yn fyddar.

'A hoffech chi weld y castell?'

'A castle you say? Here?'

*Jacpot!* meddyliais. *Dyna'r ffordd at galon Dad; cestyll a safleoedd hanesyddol.* Felly, dyma ni'n mentro draw at adfeilion castell Trebedw. Ro'n i wedi bod yno o'r blaen gyda'r criw WLPAN a ro'n i'n gwybod bod yno olygfeydd hyfryd dros y dre. Wrth i Dad a Dylan archwilio waliau'r castell, dangosais i'r olygfa o'r tŵr i Mam. Edrychon ni allan a gweld haul yr hydref fel swyn aur dros y dref. Craffodd Mam ar yr olygfa, a chododd fy nghalon o'i gweld hi'n gwenu.

'Ooh, is that a Marks and Sparks I see?' ebychodd.

Pan ddychwelodd Dad a Dylan, ro'n nhw'n sgwrsio'n fywiog.

'That's one thing you can say about old Longshanks,' meddai Dad, 'he built a good castle.'

'Alla i feddwl am ddigon o bethau eraill i weud amdano, y cnaf ...' chwyrnodd Dylan dan ei wynt.

Erbyn hyn, roedd Mam yn colli amynedd gyda'r holl ymweliad.

'Right. We've done your little tour. How about a nice cup of English tea?'

\* \* \*

Gwnaeth Dylan ei esgusodion; roedd rhaid iddo fynd 'nôl i'r gwaith. Dyma ni'n cytuno i gwrdd wedyn yn festri'r capel ar gyfer ymarferion y

---

| | |
|---|---|
| **adfeilion** – *ruins* | **cnaf** – *rascal* |
| **swyn** – *spell* | |
| **craffu** – *to gaze* | |

Noson Lawen.

'It was lovely to see you both again,' mentrodd Dylan, ac ro'n i mor falch i glywed ei gelwydd.

Ar ôl iddo gerdded i ffwrdd, trodd Mam ata i a dweud,

'Well, he's tall. I'll give him that.'

Cerddon ni drwy'r dref i chwilio am siop goffi, ond ar y ffordd, dyma fi'n digwydd gweld Sioned, fy athrawes Gymraeg.

'Dw i mor falch i weld bo' ti'n iawn, blodyn. Ond chwarae teg, gyrhaeddodd ein stori ni'r newyddion ym mhob man!'

Wedi ffarwelio â Sioned, welais i Jill Bysedd – ar ei hegwyl amser cinio – a Gaz o'r cwrs WLPAN, a phob un yn awyddus i gael clonc a dymuno'n dda i fi. Allen i byth fod wedi gwneud hynny yn Llundain. Wnes i fyw ar yr un stryd am bum mlynedd heb byth ddysgu enwau'r un o 'nghymdogion.

Cafodd fy rhieni eu syfrdanu o 'nghlywed i'n siarad Cymraeg.

'It's like being in a foreign country!' ebychodd Mam.

Cyrhaeddon ni fy hoff gaffi yn y dre – Y Cwtsh – ond cyn iddo fynd i mewn yn iawn, cyhoeddodd Dad,

'We're leaving,' a brasgamu am y drws.

Ymddiheurais wrth Jemma, perchennog y caffi, a rhuthro allan ar ôl fy rhieni.

'Dad! Be sy'n bod?' gofynnais.

'Enough is enough. Wherever we go, the locals start speaking Welsh the moment we walk in the door!'

Rholiais fy llygaid a dweud 'mod i'n falch o glywed bod ei declyn clyw'n gweithio'n iawn. Edrychodd arna i'n hurt.

---

**cymdogion** – *neighbours*

**teclyn clyw** – *hearing aid*

'Wel, mae'n debyg dy fod ti'n gallu clywed pa iaith mae pobl yn siarad cyn i ti hyd yn oed fentro drwy'r drws.' dwedais.

Yn y diwedd, aethon ni i gaffi Tamsin ac Andrew.

Edmygodd Mam y crochenwaith ac wrth i Dad archebu cacen, trodd Mam ata i a dweud,

'Kwame has been in touch.'

Kwame, fy nghyn-gariad, cyflwynydd *Make Me a Star* a'r dyn a dorrodd fy nghalon drwy ddechrau perthynas gydag un o'r cystadleuwyr. Fi wnaeth eu dala nhw wrthi.

'He's changed, poppet. He's so sorry.'

Ceisiais esbonio bod dim ots 'da fi am Kwame, ro'n i mewn cariad gyda Dylan. Edrychodd Mam arna i gyda'r un olwg roedd hi'n arfer ei defnyddio pan o'n i'n fach. Y llygaid sy'n dweud, *'Dere 'mlaen nawr, poppet, ni'n dau'n gwybod y gwir!'*

'You can speak their daft language all you like, poppet, but you don't belong here,' meddai Mam.

Roedd Dad yn sgwrsio'n braf gyda pherchnogion y caffi. Clywais floedd o chwerthin a dyma fi'n gofyn i'r ddau beth oedd y rheswm dros y fath dwrw. Adroddodd Andrew stori am deulu a ddaeth i mewn i'r caffi gyda'u plant a cheisio archebu yn y Gymraeg.

'I said to them, "Don't use that gobbledygook in here! As far as I'm concerned, there are two languages in this world: English and Foreign!"'

Dechreuodd Mam chwerthin lond ei bol cyn dechrau colli ei hamynedd eto o weld fy wyneb di-wên.

'Oh, come on, where's your sense of humour?' ebychodd. 'You're one

---

**crochenwaith** – *pottery*

**chwerthin lond ei bol** – *to laugh heartily*

---

of us after all!'

Ac er 'mod i'n gwybod mai Saesnes o'n i, clywais lais o'r tu fewn yn dweud: *Na'dw, dw i* ddim *yn un ohonoch chi rhagor.*

* * *

Wedi ffarwelio â fy rhieni, ffoniais Trudy o'r diwedd a gwrthod y cynnig gwaith. Wedyn, cerddais at festri'r capel, yn sionc fy ngham. Ro'n i'n teimlo fel tasen i'n sgipio i mewn i bennod newydd yn fy mywyd.

Cyrhaeddais ddrws trwm y festri a'i dynnu fymryn ar agor. Nofiodd sŵn prydferth allan ar awel y noson gynnar. Mentrais i mewn a gweld Lois a Dylan ar y llwyfan, yn canu mor swynol nes bod fy nghalon eisiau torri. Ar wahân i'r gerddoriaeth, roedd cymaint rhyngddyn nhw: yr hanes a rannon nhw, diwylliant cyffredin, a'u mamiaith.

Edrychais arnyn nhw a sylweddoli – does dim ots pa mor dda dw i'n dysgu'r Gymraeg, fydda i byth yn gallu rhannu'r hyn sy rhwng Dylan a Lois. Falle bod Mam yn iawn wedi'r cwbl, falle 'mod i ddim yn perthyn fan hyn yng Nghymru; falle na fydda i fyth.

# 14

# Wyneb Cyfarwydd

Roedd Bethan yn gwybod yn gwmws sut i godi fy nghalon. Eisteddais ar gadair yn ei chegin am awr, wrth iddi brysuro o'm cwmpas gyda'i siswrn, yn ceisio gwthio gwin pefriog arna i.

'Mae'n swnio i fi fel bo' ti'n cael dy nicyrs mewn cwlwm dros ddim byd.'

'Nicyrs mewn cwlwm?' Chwerthin wnaeth gŵr Bethan.

'Cer o 'ma, Rhodri,' dwrdiodd Bethan, 'ni'n cael amser merched!'

Ymlusgodd Rhodri mas o'r gegin gan wenu wrtho'i hunan.

'Wir i ti,' meddai Bethan, 'dw i wedi neud ymdrech i ddysgu'r iaith a dyna i gyd ma' fe'n neud yw chwerthin ar fy mhen i!'

'Ers sawl blwyddyn dych wedi bod yn briod?' gofynnais.

'Pump ... ond ambell waith, mae'n teimlo mwy fel un deg pump.'

Cymerodd sip o Prosecco.

'Rhaid i ti'n helpu i i orffen y botel 'ma, Katie; alla i ddim cael mwy nag un gwydryn gan 'mod i'n dal i fronfwydo ...'

Ceisiais yfed fy ngwin, ond roedd e'n blasu'n afiach.

'Gall unrhyw un weld bod Dylan yn dy addoli di,' meddai Bethan. 'Mae'r

---

**pefriog** – *sparkling*

**dwrdio** – *to rebuke, to scold*

**bronfwydo** – *to breastfeed*

**addoli** – *to worship*

fenyw 'ma – beth yw ei henw hi?'

'Lois.'

'Lois. Wel, hi yw ei orffennol. Ti, Katie, yw ei ddyfodol.'

Gwenodd Bethan a rhoi ei siswrn i lawr.

'Dw i'n credu 'mod i wedi gorffen,' meddai.

Trodd fi rownd ar y stôl a dal drych i fyny i fi gael edmygu ei phen-campwaith.

'Ta-da!'

Ro'n i'n fud gan syndod. Do'n i braidd yn nabod fy hun. Ro'n i'n edrych yn dlws a soffistigedig – nid y math o eiriau sy'n cael eu defnyddio i 'nisgrifio i fel arfer.

'Ti ddim yn ei hoffi e?' holodd Bethan.

'Hoffi fe?' ebychais. 'Dw i'n ei garu e. Bethan, ti'n *genius*!'

'Os ga i weud fy hunan,' meddai hi'n siriol, 'dw i 'di neud jobyn eitha da ar y nyth brân 'na oedd gyda ti pan ddest ti i mewn yma gynta.'

A dyma fi'n cael syniad.

'Bethan, mae hyn yn gyfrinach, ond a faset ti'n fodlon neud gwallt a cholur ar gyfer *drag queen*?'

\* \* \*

Ddiwrnod cyn y Noson Lawen, roedd neuadd y dref yn fwrlwm i gyd. Roedd y criw arferol yno – Mrs Gruffudd, Nansi ac Elfed – ond criw o bobl ifanc hefyd, gan gynnwys Siôn. Wedi iddo ymarfer ei act yn gyfrinachol, ro'n i'n teimlo'n nerfus drosto, ond yn gyffrous hefyd. Daeth Bethan o hyd

---

**pen-campwaith** – *greatest masterpiece*

**mud** – *mute, silent*

**cyfrinachol** – *secret*

i wig arbennig iddo fe a hwnnw'n cwblhau ei wisg i'r dim. Ymddangosai Siôn mor naturiol ar y llwyfan, penderfynais roi ei act ar ddiwedd y sioe – fel act ola'r Noson Lawen. Achosodd hynny gryn dipyn o sibrwd. Roedd pawb eisiau gwybod beth oedd yr act ddirgel. Roedd hyd yn oed Dylan yn fy hambygio i gael gwybod.

'Mae'n flin 'da fi,' eglurais wrtho, 'ond bydd rhaid i ti aros, fel pawb arall.'

Wrth i Nansi oruchwylio addurniadau'r neuadd, ces i gyfle i droi fy sylw at y system sain. Dyna pryd y cyrhaeddodd Liz – y ferch swil o'r cwrs WLPAN – gyda llond ei breichiau o diwbiau plastig a bocs llawn offer. Ges i siom.

'Haia, Liz,' ebychais. 'Ro'n i'n gobeithio bo' ti'n mynd i ddod ag arwyddion i ni?'

'Ym ... ydw,' mwmiodd hi.

Edrychais ar ei hoffer a meddwl 'mod i wedi camddeall.

'Wedest ti dy fod ti'n arlunydd.'

Nodiodd Liz a gwenu'n nerfus.

'Dw i'n gweithio gyda goleuadau neon.'

'Neon?'

Nodiodd.

'Iawn ...' atebais i'n ansicr.

Aeth hi i ffwrdd tuag at y llwyfan a dyma fi'n crafu 'mhen heb wybod yn iawn beth yn y byd i'w ddisgwyl.

A hithau bron yn amser cinio, es i mas am chwa o awyr iach a thamaid i'w fwyta. Ro'n i'n cerdded i mewn i ganol Trebedw pan ganodd fy ffôn – roedd e wedi bod yn canu drwy'r bore a finnau'n gwneud fy ngorau glas i'w anwybyddu. Roedd y wasg eisiau *sound-bite* wrtha i am fy mhrotest

---

**act ddirgel** – *mystery act*

**hambygio** – *to bother*

**goruchwylio** – *to oversee*

danllyd. Ro'n i'n dal i wingo mewn cywilydd am y peth. *Pam na allan nhw adael llonydd i fi gael anghofio'r holl fusnes?* Diffoddais fy ffôn gan obeithio, tasen i'n eu hanwybyddu nhw'n ddigon hir, y bydden nhw'n diflannu. Stwffiais fy ffôn i fy mag a throi fy meddwl tuag at ginio.

Do'n i ddim wedi cymryd dau gam pan stopiais yn fy unfan. Clywais rywun yn galw fy enw. Nid 'rhywun' chwaith. Baswn i'n adnabod ei lais yn rhywle. Dyma fi'n troi rownd yn syn a gweld dyn tal a golygus yn gwenu arna i. Gallai'r wên honno doddi'r galon oeraf.

'Kwame?'

'Well, don't just stand there,' meddai hwnnw, 'give us a hug!'

* * *

Trodd sawl pen wrth i ni gerdded drwy'r dref. Mae wyneb Kwame mor gyfarwydd ar y teledu ond roedd yn od iawn ei weld e'n cerdded trwy dref fach wledig yng ngorllewin Cymru. Sylwais ar bobl yn edrych arno fe ddwywaith a Kwame – fel y bydd Kwame – yn joio pob eiliad.

'Alright, mate?' meddai fe, gan roi winc a salíwt, yr ystum sy wedi troi'n *trademark* iddo fe ar y teledu. Chwifiodd un dyn ei law yn ôl arno mewn penbleth.

A finnau'n ceisio osgoi'r wasg wedi'r brotest, do'n i ddim eisiau i Kwame dynnu mwy o sylw ata i. Arweiniais i e i mewn i gaffi Y Cwtsh a chwilio am y bwrdd pella oddi wrth y ffenest. Wrth guddio yng nghefn y caffi, ro'n i'n gobeithio cael mymryn o breifatrwydd. Gobaith mul!

Daeth Jemma, perchennog y caffi, draw â'r fwydlen i ni a rhyfeddu

---

**tanllyd** – *fiery*

**ystum** – *gesture*

**gobaith mul** – *not a hope in hell*
(*lit. a mule's hope*)

81

gweld Kwame yno.

'Kwame Bello! Yn fy nghaffi i! Mae rhaid i fi gael llun ar gyfer y wal!'

Fel arfer, perfformiodd Kwame i'w gynulleidfa.

'Always a pleasure to meet a fan,' meddai fe, gan ysgwyd llaw Jemma.

Wedi iddo fe dynnu sawl llun gyda Jemma, ac arwyddo napcyn iddi, o'r diwedd, dyma ni'n archebu ein bwyd.

'Sori am hynny, cariad,' meddai fe yn Saesneg, 'ond ti'n gwybod sut mae hi. Gyda llaw, dw i'n caru dy wallt. *Très sophistiqué.*'

'Kwame? Beth yn y byd wyt ti'n neud yma?' gofynnais.

'Meddwl o'n i, os nad wyt ti'n fodlon derbyn fy ngalwadau, fe fydd rhaid i fi ddod i dy weld di yn y cnawd,' eglurodd.

'Ti sy wedi bod yn fy ffonio i'n ddi-stop?'

'Ro'n i'n becso amdanat ti! Pan welais i ti ar y newyddion – ar dân – ffoniais i dy fam. Roedd rhaid i fi ffeindio mas os o't ti'n iawn.'

'Aaaaa, dw i'n gweld. Mam roiodd y syniad 'ma yn dy ben di.'

'Nage, nage ... ro'n i eisiau dy weld di.'

'Ti'n cuddio rhywbeth.'

'Wel, ocê ... mae Trudy hefyd yn awyddus iawn i wybod sut wyt ti. Mae hi *wir* eisiau i ti gynhyrchu *Make Me a Star.*'

'Felly dod yma ar ran Trudy wnest ti.'

'Nage, Katie, wir! Mae'r misoedd diwethaf wedi bod yn anodd iawn i fi. A phan weles i ti ar y newyddion, wel, wnaeth hynny neud i fi sylweddoli gymaint dw i'n dy garu di o hyd.'

'Trueni wnest ti ddim sylweddoli hynny pan o't ti'n caru gyda'r flonden 'na.'

---

**yn y cnawd** – *in the flesh*

**ar ran** – *on behalf of*

Cymerodd Kwame fy llaw ac edrych i fyw fy llygaid.

'Wnes i gamgymeriad ... camgymeriad mwya 'mywyd ... ac mae hi *mor* flin 'da fi. Ches i ddim cyfle i wneud pethau'n iawn rhyngon ni. Wnest ti redeg i ffwrdd i weithio ar y rhaglen ddêtio dwp 'na, a dyna ddiwedd arni.'

'Gweithio ar y rhaglen ddêtio yna oedd y penderfyniad gorau i fi neud erioed.'

'Alli di ddim jyst rhedeg i ffwrdd wrth dy fywyd ... mae pysgod aur 'da ni!'

'Sut mae Fish 1 a Fish 2?'

'Maen nhw'n gweld dy eisiau di. Dw i'n gweld dy eisiau di hefyd. Dw i wedi cawlio'r cyfan. Ddylen i fod wedi gofyn i ti 'mhriodi i amser hir yn ôl.'

'Wel, wnest ti ddim,' wfftiais, 'a nawr, mae'n rhy hwyr.'

'Ydy hi?' gofynnodd, gan godi o'r ford a cherdded draw ataf. Disgynnodd ar ei bengliniau a chydio yn fy nwylo. Syllais ar ei wyneb wrth iddo fe agosáu. Ro'n i'n gwybod ei fod e'n mynd i 'nghusanu i a theimlais gwlwm yn fy mol.

Gwthiais Kwame i ffwrdd.

'Dw i'n sori,' baglais a'm llaw dros fy ngheg, 'dw i'n mynd i chwydu!'

'Diolch am roi'r fath hwb i fy ego,' meddai Kwame, 'fe allet ti jyst fod wedi gweud "dim diolch"!'

---

**gweld eisiau** – *to miss*

**cawlio** – *to make a mess of*

**hwb** – *boost*

# 15

# Cario Clecs

Dychwelais o'r tŷ bach i ddarganfod Kwame'n clebran gyda chriw o'i edmygwyr. *Felly wnaeth e ddim cymryd yn hir iddo fe ddod dros gael ei wrthod*, meddyliais.

'Aha! Dyma hi!' meddai Kwame. 'Wyt ti'n teimlo'n well?'

Chwalodd y cwmwl o fenywod ifanc a gadael y caffi'n gyffrous gan ganu, 'Bye, Kwame!' wrth iddyn nhw fynd.

Rhythais arno fe.

'Beth?' holodd. 'Mae'n rhaid i fi siarad gyda'r ffans!'

Ysgydwais fy mhen a chilwenu. Doedd e ddim wedi newid blewyn.

'Dw i eisiau bach o awyr iach,' eglurais. 'Oes ots 'da ti fynd am dro?'

\* \* \*

Es i ag e draw at yr afon, gan obeithio bydden ni'n cael llonydd yno. Roedd Kwame'n iawn am un peth; ro'n i wedi rhedeg i ffwrdd fel plentyn. Roedd hi'n amser i fi fod yn oedolyn a wynebu'r hyn wnes i ei adael ar ôl. Dilynon ni'r llwybr gwartheg a dail crin yr hydref yn crensian o dan ein traed.

---

**edmygwyr** – *admirers*

**rhythu** – *to glare*

**crin** – *withered*

'Dw i'n fodlon prynu dy hanner di o'r fflat yn Llundain ... os mai dyna beth wyt ti eisiau,' mentrodd Kwame.

'Ie,' atebais. 'A dw i'n sori.'

Edrychodd Kwame i lawr ar ei draed.

'Beth am y dodrefn a phopeth arall?'

'Cadwa di'r rheiny. Casglodd Mam a Dad bopeth o'n i'n moyn 'nôl yn yr haf.'

'A'r pysgod?'

'Dw i'n ildio fy hawliau ar rheiny hefyd.'

Edrychodd Kwame braidd yn siomedig am hynny.

Yn sydyn, sylwais ar ben slic yn sleifio dan wyneb yr afon.

'Edrych! Dyfrgi!' ebychais.

Craffodd Kwame, ond roedd y dyfrgi wedi mynd erbyn hynny. Cododd ei ysgwyddau.

'Sdim ots. Dw i wedi gweld un ar *Animal Planet*,' wfftiodd.

Chwerthin wnes i a dweud,

'Ti'n ddyn y ddinas i'r carn.'

'Ydw,' meddai Kwame. 'Dw i ddim wedi newid ... ond rwyt ti wedi.'

Disgleiriai'r haul drwy'r plethwaith o ganghennau uwchben, gan daflu cysgodion dros y llwybr.

'Mae'n brydferth yma, on'd yw hi?' mentrais i. 'Meddylia! Oni bai am dy dwyllo di, fydden i ddim wedi cael cyfle i weld hyn i gyd.'

Edrychodd Kwame arna i drwy gil ei lygaid.

'Mae'n amlwg dy fod ti mewn cariad,' meddai fe, 'ond wyt ti mewn cariad gyda Dylan ... neu gyda Chymru?'

---

**ildio** – *to yield, to give up*

**dyfrgi** – *otter*

**i'r carn** – *to the hilt*

**plethwaith** – *latticework, web*

**trwy gil ei lygaid** – *through narrowed eyes*

* * *

Llithrodd y prynhawn heibio heb i fi sylwi. Dychwelodd Kwame i'w westy ac es i adre i Blas Mawr. Camais dros y trothwy a gweld Dylan yn aros amdana i a golwg gwpsog ar ei wyneb. Roedd Siôn a gweddill y teulu o gwmpas y lle hefyd, ond sgathron gyd cyn i fi gael cyfle i ddweud yr un gair.

'Ble yffach wyt ti 'di bod?' taranodd Dylan.

'Ym ...'

'Es i draw i'r neuadd i weld sut oedd y gwaith paratoi ar gyfer y sioe fory'n mynd. Doedd neb wedi dy weld di ers amser cinio!'

'Dw i'n gallu esbonio,' atebais yn gadarn.

'Dw i'n gwrando ...'

'Ges i ymwelydd ...'

'Pwy?'

'Yn hollol annisgwyl, cofia, wnes i ddim gofyn iddo fe ddod ...'

'*Pwy?*'

'Kwame,' gwichiais.

Saib. Cymerodd Dylan anadl ddofn.

'Felly, ti'n mynd 'nôl i Lundain gyda dy gyn-gariad, wyt ti?'

Do'n i ddim yn gallu credu beth o'n i'n ei glywed.

'Beth?' bloeddiais.

'Does dim rhaid i ti esgus, Katie ... welodd rhywun chi.'

'Yn siarad? Mae hawl 'da fi siarad ag e.'

'Yn lapswchan! Yn cofleidio!'

---

| | |
|---|---|
| **cwpsog** – *grumpy* | **cadarn** – *firm* |
| **sgathru** – *to scatter* | **lapswchan** – *to kiss and cuddle* |
| **taranu** – *to roar* | **cofleidio** – *to embrace* |

'Sori, dw i ddim yn deall dy eiriau di.'

'Yn *cusanu*!'

'Pwy sy wedi gweud y fath rwtsh wrthot ti?'

'Sdim ots pwy ...'

Ond ro'n i'n gallu gweld ar ei wyneb pwy ddwedodd.

'Lois?' gofynnais.

'Dai y Post wedodd wrth Lois, ac roedd hwnnw wedi clywed gan Jemma Y Cwtsh oedd wedi eich gweld chi â'i llygaid ei hunan!' eglurodd Dylan.

'Wyt ti wir yn credu baswn i'n cusanu Kwame o flaen pawb yn Y Cwtsh? Wyt ti *wir* yn credu baswn i'n ei gusanu e *o gwbl*? Dylan! Dw i wedi gadael fy mywyd i gyd ar ôl a symud i dy wlad dwp, i fyw gyda dy deulu twp, a dysgu dy iaith dwp ... a'r cyfan i fod gyda ti! Os nad yw *hynny*'n profi 'mod i'n dy garu di, wel, alli di fynd â dy feirdd a dy gantorion a dy bice ar y blincin maen a stwffio'r cyfan lan twll dy din di!'

Roedd saib lletchwith wedyn.

Mentrodd Nansi 'nôl i mewn i'r gegin.

'Iawn 'te, blantos,' meddai hi, 'nawr bod hynny wedi cael ei sortio, pwy sy'n moyn paned o de?'

\* \* \*

Yn lle hynny, gwrthod y te a cherdded i'r dafarn wnaethon ni. Ar ôl y fath ddiwrnod, roedd eisiau diod go iawn arna i. Camais mas i'r awyr iach a mwynhau teimlo awel y cyfnos ar fy moch. Mor wahanol, meddyliais, oedd cerdded i'r dafarn leol mewn sgidiau glaw yn lle sodlau uchel. Gwau

---

**cantorion** – *singers*

**cyfnos** – *dusk*

ein ffordd rhwng boncyffion y goedwig tu ôl i Blas Mawr wnaeth Dylan a minnau, cyn ymuno â'r llwybr gwledig oedd yn arwain i lawr i waelod y lôn. Gwasgodd Dylan fy llaw i'n dynn, dynn a dweud, 'Dw i mor sori, Katie,' am y canfed tro.

'A finnau hefyd,' atebais.

Clywais sŵn sniffian – Dylan yn ceisio mygu ei chwerthin.

'Lan twll dy din di!' wfftiodd. 'Ble wnest ti ddysgu hynny?'

'Huw Offeryn ... mae'n gweud bod Sioned yn dysgu iaith yr angylion i fi, a fe sy'n dysgu iaith y werin.'

Cyrhaeddon ni Dafarn Y Fedw a'r lle'n fwrlwm i gyd. Tynnodd Dylan y drws ar agor a llanwodd yr awyr â chwerthin.

'Go on, teach me something else!' meddai'r llais. 'What's that place with the really long name?'

'Clan-via-push ...'

Cerddon ni i mewn i'r dafarn a gweld Kwame'n mwynhau sylw criw arall o edmygwyr.

'Clan-fair-push-gwin ... nah, mate! I can't do it!' meddai.

'Llanfairpwllgwyngyllgogerychwyrndrobwllllantysiliogogogoch,' mentrais i.

Trodd Kwame rownd yn gwenu fel giât.

'That's the one!'

Tynhaodd yr awyrgylch o gwmpas bar y dafarn am eiliad. Trodd Delyth, y dafarnwraig, at ei gwydrau a dechrau'u sychu nhw'n frysiog. Neidiodd Kwame ar ei draed a charlamu draw at Dylan.

'Alright, mate? I'm Kwame. You must be Dylan. I've heard a lot about you.'

---

**boncyffion** – *tree trunks*

**mygu** – *to stifle, to suffocate*

**y werin** – *the common people, the folk*

**carlamu** – *to gallop*

Ysgydwodd Dylan ei law a golwg ddrwgdybus ar ei wyneb.

'Falch i gwrdd â ti.'

'Lois was just telling me you're a bit of a singer? Maybe you should try out for *Make Me a Star*?'

'Lois?' ebychodd Dylan.

A dyma hi'n gwthio'i phen heibio i gornel y bar.

'Haia,' meddai hi, yn codi llaw a gwenu'n chwithig. 'Ym ... ti'n gwybod y peth 'na o'n ni'n trafod yn gynharach, Dylan? Wel ... dw i'n credu – falle – mai camddeall y cyfan wnes i ...'

Gwgodd Dylan arni hi ond chymerodd hi fawr o sylw. Cododd o'i sedd wrth y bar a llithro'i braich trwy fraich Kwame.

'Mae gen i newyddion da hefyd,' meddai hi'n gyffro i gyd. 'Dw i wedi perswadio Kwame i aros ar gyfer y Noson Lawen. Mae fe'n mynd i gydgyflwyno'r noson gyda fi!'

Winciodd hi arno, a throdd Kwame ei wên deledu ymlaen i'r eitha.

'Croeso i ... *Gwnewch Fi'n Seren!*'

---

**drwgdybus** – *suspicious, distrustful*

**chwithig** – *awkward*

**cydgyflwyno** – *to copresent*

# 16

# Noson Lawen

O'r diwedd, wedi wythnosau o baratoi a thrafod, ymarferion cyfrinachol di-ri gyda Siôn, heb sôn am bob drama bersonol arall, cyrhaeddodd y noson fawr.

'Noson Lawen Trebedw.'

Cerddais i mewn i gyntedd y neuadd a darllen y geiriau hynny wedi eu goleuo mewn neon llachar fel yn Las Vegas. Rhythais yn gegrwth ar y cyfan cyn mentro tuag at y llwyfan. Dyna le roedd Liz swil yn cynnau'r golau ola. Crynodd y golau am eiliad, fflachio, wedyn goleuodd y llwyfan cyfan fel Palas Cesar!

'Ti ... wnaeth hyn i gyd?' holais.

Nodiodd Liz yn araf a theimlais gywilydd am imi amau ei gallu hi.

'Ti'n seren, Liz! Wir, diolch o galon!'

Gyda sbonc yn fy ngham mentrais tu ôl i'r llwyfan i gyfeiriad y gegin a'r stafell wisgo. Roedd y consuriwr yno gyda bwji bach mewn caets. Eglurodd fod ei golomen wedi dianc ac mai'r bwji oedd yr unig beth oedd ar gael ar fyr rybudd. Roedd y Dysgwyr-Ddawnswyr hefyd yno yn eu dillad traddodiadol ac ar eu pwys nhw'n gwisgo capiau pig a hwdis roedd

---

**di-ri** – *innumerable*

y dawnswyr stryd. Dymunais bob lwc i bawb wrth wau fy ffordd drwy'r stafell orlawn. Mas yn y coridor, des i o hyd i gwpwrdd y pethau glanhau. Cnociais yn dawel a chlywed llais Bethan yn galw,

'Beth yw'r cyfrinair?'

'Siani Flewog!' sibrydais.

Agorodd dipyn o gil y drws a gwasgais fy hun i mewn. Hyd yn oed o dan liw cras y bylb noeth, roedd Siôn yn edrych yn ysblennydd. Ochneidiais o'i weld yn gwisgo'i ffrog goch sgleiniog a bwa pluog yn addurno'i ysgwyddau.

'Be ti'n feddwl?' gofynnodd Bethan.

'Dw i'n meddwl bod Siani Flewog yn mynd i ragori ar bawb arall ar y llwyfan!'

Ond roedd golwg bryderus ar wyneb Siôn.

'Wyt ti'n iawn?' gofynnais. 'Wyt ti'n siŵr dy fod ti eisiau neud hyn?'

Nodiodd yn frwd.

'Anadla'n ddwfn, bach. Ti'n mynd i fod yn wych.'

Roedd sŵn traed a lleisiau i'w clywed tu allan i'r drws. Roedd y gynulleidfa'n dechrau cyrraedd.

'Rhaid i fi fynd. Wyt ti'n fodlon aros gyda Siôn?' gofynnais i Bethan.

'Wrth gwrs,' meddai hi, 'cer i neud dy beth.'

\* \* \*

Clywais floedd o chwerthin yn dod o esgyll y llwyfan a chael fy synnu o weld Dylan a Kwame'n rhannu jôc gyda'i gilydd.

---

**gorlawn** – *overcrowded*

**cyfrinair** – *password*

**ysblennydd** – *splendid*

**rhagori** – *to excel*

**esgyll** – *wings*

'I'm teaching your fella a bit of London slang,' meddai Kwame.

'It is gonna spit some bars, innit?' meddai Dylan.

'Paid â gadael iddo fe dy dwyllo di, Dylan ... mae rhieni Kwame'n darlithio yn yr LSE. Mae e'r un mor "street" â finne.'

Gwgodd Kwame arna i.

'Wnest ti addo peidio dweud wrth neb!'

Cyrhaeddodd Celyn gyda llond ei breichiau o gardiau – cardiau ciw ar gyfer Kwame.

'I've written it all out phonetically for you. I'll hold them up at the edge of the stage.'

Cydiodd Kwame yn nwylo Celyn a cheisio'i swyno hi gyda'i ddiolch calonnog.

'Kelly, you're an angel ... Has anyone ever told you, your eyes are the colour of cornflowers?'

Craffodd Celyn arno.

'It's Celyn,' meddai.

Dechreuodd Dylan chwerthin.

'Ti'n gwastraffu dy anadl, 'achan.'

Gosododd Celyn feicroffon clip ar dei Kwame.

'Dyna ti, y merchetwr mawr. Barod amdani.'

'I dunno what you just said but I love the way you said it,' meddai Kwame eto.

'You're such a charmer,' meddai Celyn. 'I can't imagine why Katie ever let you slip away ...'

Ro'n i'n teimlo braidd yn euog am wenu o glywed geiriau Celyn, ond roedd

---

**calonnog** – *hearty*

**merchetwr** – *womaniser*

yn rhyddhad hefyd i beidio bod y person oedd yn derbyn pryd o dafod ganddi. Gofynnodd i fi ddod naill ochr.

'Wyt ti wedi gweld Siôn?'

Do'n i ddim yn gwybod beth i'w ddweud. Nodiais, braidd yn amheus. Culhaodd ei llygaid.

'Oes rhywbeth ddylen i ei wybod?'

'Sori, Celyn, ond dw i wedi addo i Siôn.'

Gwelais 'mod i wedi brifo ei theimladau. Estynnais fy llaw i'w chysuro ond gwrthododd fy nghyffyrddiad. Cerddodd i ffwrdd yn rhwystredig.

* * *

A'r neuadd yn llawn dop, roedd rhaid i Elfed droi pobl i ffwrdd wrth y drws. Ond agorodd ddrysau'r neuadd led y pen er mwyn i'r dorf oedd yn sefyll tu allan allu sbecian i mewn. Roedd stori wedi dechrau mynd o amgylch yr ardal am gyflwynydd enwog oedd wedi dod i Drebedw i gyflwyno'r Noson Lawen, a phawb eisiau cael cipolwg arno.

O'r diwedd, daeth hi'n amser dechrau'r sioe. Es i draw at y ddesg reoli a throi'r goleuadau i lawr. Roedd y llwyfan yn wag heblaw am biano digon crand wedi'i oleuo gan un llifolau. Camodd Dylan ymlaen, eistedd wrth y piano a dechrau ei berfformiad. Llanwodd ei lais swynol y neuadd ...

> 'Mae'r hon a gâr fy nghalon i
> Ymhell oddi yma'n byw,
> A hiraeth am ei gweled hi
> A'm gwnaeth yn llwyd fy lliw ...'

---

**pryd o dafod** – *a telling off*

**dod naill ochr** – *to come to one side*

**cyffyrddiad** – *touch*

**rhwystredig** – *frustrated*

**llifolau** – *spotlight*

Ymunodd llais pur a hardd yn y gân. Codais olau'r llwyfan a chamodd Lois i mewn i'r llifolau i dderbyn cymeradwyaeth gynnes dros ben. A'u lleisiau'n rhyngblethu, roedd eu canu nhw'n hudolus ...

'Cyfoeth nid yw ond oferedd,
Glendid, nid yw yn parhau,
Ond cariad pur sydd fel y dur
Yn para tra bo dau.'

Rhyfeddais at y perfformiad, heb fymryn o genfigen. Arhosodd llygaid Dylan arna i drwy'r gân i gyd. Ro'n i'n deall yn iawn ei fod e'n anelu pob gair ata i.

Wrth i'r ddau orffen canu, cododd y gynulleidfa ar eu traed a chymeradwyo'n frwd. Ro'n nhw wrth eu bodd o weld Lois, seren fwyaf disglair Trebedw, yn llwyddo unwaith eto ar ôl cyfnod digon caled yn ei bywyd. Roedd hi'n mwynhau'r sylw, a dechreuais sylweddoli pa mor debyg oedd hi a Kwame. Wedyn, dechreuodd Lois gyfarch y dorf.

'Wel, annwyl ffrindiau. Mae'n fraint anferth gyda fi ddatgelu bod gwestai arbennig wedi ymuno â ni yma, yn Nhrebedw. Yn cydgyflwyno'r noson arbennig hon 'da fi heno, rhowch groeso cynnes i fy ffrind annwyl ... Kwame Bello!'

*Ffrind annwyl, wir!* wfftiais. A hithau ond yn ei nabod e ers pedair awr ar hugain!

Carlamodd Kwame i'r llwyfan a gweiddi yn Gymraeg,

'Noswaith dda, Trebedw!'

---

| | |
|---|---|
| **rhyngblethu** – *to interweave* | **dur** – *steel* |
| **oferedd** – *vanity* | **cenfigen** – *jealousy* |
| **glendid** – *beauty, cleanliness* | **gwestai** – *guest* |
| **parhau** – *to last, to continue* | |

Aeth y dorf yn wyllt a llenwodd fy nghalon â balchder. Roedd popeth yn mynd yn iawn. Ro'n i'n gynhyrchydd unwaith eto, ac yn joio pob eiliad.

\* \* \*

Ac fel hyn yr aeth pethau ymlaen am fwy nag awr. Wedi'r *dance off* rhwng y clocswyr a'r criw hip hop, roedd un act ar ôl – act gyfrinachol i gloi'r noson lawen. Yr unig broblem oedd, doedd dim golwg o Siôn yn unman. Gadewais fy lle wrth y ddesg reoli a gofyn i Elfed ddal yr awenau wrth i'r dawnswyr gwblhau eu perfformiad. Roedd rhaid i mi ddod o hyd i Siôn, a hynny'n glou! Doedd e ddim yn y cwpwrdd lle wnaeth Bethan ei adael pan aeth hi i ddawnsio ar y llwyfan. Doedd e ddim yn y tŷ bach chwaith, na'r maes parcio. O'r diwedd, des i o hyd iddo fe ar dop grisiau'r ddihangfa dân.

'Siôn?' gofynnais yn dawel. 'Wyt ti'n iawn?'

'Na'dw,' atebodd. 'Sori, Anti Katie, ond alla i ddim neud e. Bydd pawb yn chwerthin am fy mhen i!'

Ochneidiais. Allen i ddim dweud celwydd chwaith.

'Wel, falle byddan nhw.'

Edrychodd Siôn i fyny mewn braw.

'Ond oes ots?' gofynnais. 'Mae pobl yn chwerthin am fy mhen i drwy'r amser ... bob tro dw i'n mentro siarad Cymraeg!'

Ddwedodd Siôn yr un gair.

'Does dim plesio ar rai pobl felly ... wfft iddyn nhw. Man a man i ti blesio dy hunan.'

---

**balchder** – *pride*

**awenau** – *reins*

**dihangfa dân** – *fire escape*

Doedd fy ngeiriau-codi-calon ddim yn cael unrhyw effaith ac ro'n ni'n prysur redeg mas o amser.

'Os nad wyt ti eisiau perfformio, mae'n iawn ... wna i feddwl am rywbeth,' mentrais i.

Gadewais Siôn ar y grisiau a dychwelyd i esgyll y llwyfan. Roedd y dawnswyr wedi gorffen, a Lois a Kwame'n gwneud eu gorau glas i ddal sylw'r gynulleidfa.

'Wrth gwrs, mae'n bwysig iawn i ni gofio pam 'dyn ni yma,' meddai Lois. 'Mae achub Ysgol y Myrddin yn achos pwysig iawn i ni i gyd fel cymuned ...'

*Da iawn, Lois*, meddyliais a cheisio meddwl yn glou ac yn galed am beth yffarn i'w wneud! Ymddangosodd Huw Offeryn y tu ôl i'r llenni a dweud,

'Nawr dw i'n deall y cyfan. *Ti* yw'r act ddirgel, ontefe? Ti'n mynd i adrodd y gerdd wnes i ddysgu i ti!'

Roedd e mor gyffrous nes iddo fe fygu fy mhrotestiadau â'i ganmoliaeth.

'A thithau'n Saesnes, heb air o Gymraeg tan rai misoedd yn ôl! Ti'n neud yn ffantastig. Dw i am ddweud gair neu ddau i dy gyflwyno di – wir, mae'n *rhaid* i fi!'

A chyn i fi sylweddoli beth oedd yn digwydd, carlamodd Huw i'r llwyfan a chymryd drosodd.

'Hoffwn ddiolch i ferch arbennig am helpu i drefnu'r Noson Lawen yma heno – merch oedd ddim yn siarad gair o Gymraeg cyn iddi symud i Gymru ond sy wedi cymryd yr iaith i'w chalon, sy'n beth sbesial iawn. Hoffwn i feddwl 'mod i wedi chwarae rhan fach yn ei helpu hi, ac felly, mae'n bleser mawr gyda fi gyflwyno i chi, yn adrodd cerdd bwysig iawn i ni fel Cymry ... Katie Davies!

---

**canmoliaeth** – *praise*

Beth allen i wneud? Doedd ond un peth amdani. Camais i mewn i'r llifolau a theimlo fy nghalon yn fy ngwddf. Ro'n i'n cofio'r llinell gynta ...

'Beth yw'r ots gennyf i am Gymru?...'

Ond yr ail linell? Nofiodd i ffwrdd fel swigen ar y gwynt. Roedd fy nghof i'n pallu. A'r gynulleidfa'n aros yn ddisgwylgar, roedd rhaid i fi ddweud rhywbeth. Glou! Carthais fy ngwddf, cau fy llygaid, ac adrodd yr unig gerdd allen i ei chofio:

> 'Yr iach a gach yn y bore,
> Yr afiach a gach yn yr hwyr,
> Yr afiach a gach dameidiau bach
> Ond yr iach a gach yn llwyr!'

Y foment gyrhaeddais i'r llinell olaf, ro'n i'n gallu clywed bois y ffatri'n gweiddi 'Hwrê!' Daliais lygad Dylan a hwnnw yn ei ddyblau'n chwerthin. Roedd hyd yn oed Mrs Gruffudd yn piffian chwerthin rhwng bodd ac anfodd. Wedyn, sylwais trwy gil fy llygad fod Bethan yn ceisio tynnu fy sylw o ochr y llwyfan. Cododd ei bodiau a sibrwd bod Siôn yn barod. Felly, dyma fi'n troi at y gynulleidfa a gwenu.

'Foneddigion a boneddigesau! Mae'n bleser enfawr gyda fi gyflwyno act derfynol Noson Lawen Trebedw. Rhowch eich dwylo at ei gilydd i groesawu ... Siani Flewog!'

Neidiais i lawr o'r llwyfan ac yn ôl at y ddesg reoli lle ro'n i'n llawer mwy cyfforddus. Gosodais i'r goleuadau a thanio'r gerddoriaeth. A goleuadau neon Liz wedi dod â Las Vegas i orllewin Cymru, camodd Siôn ar y llwyfan fel difa.

---

| | |
|---|---|
| **swigen** – *bubble* | **afiach** – *unhealthy* |
| **pallu** – *to fail* | **yn ei ddyblau** – *doubled up (with laughter)* |
| **cachu** (**3 un. cach**) – *to defecate* | **rhwng bodd ac anfodd** – *despite herself* |

# 17

# Drannoeth y Noson Fawr

Dihunais fore trannoeth â gwên ar fy wyneb. Roedd y Noson Lawen wedi bod yn llwyddiant ysgubol. Roedd y gynulleidfa wrth eu bodd â pherfformiad Siani Flewog, a phawb wedi codi ar eu traed i gymeradwyo ar y diwedd. Llamodd fy nghalon wrth feddwl am wyneb hapus Siôn wrth iddo fe adael y llwyfan a'i ben yn uchel. Roedd e fel rhyw seren fawr o Hollywood!

Mentrais droed allan o'r gwely a sylweddoli 'mod i ar fy mhen fy hun. Clywais i'r gawod yn rhedeg a thybio mai Dylan oedd e. Ges i syniad rhamantus – sleifio i mewn i'r gawod gyda fy ngŵr heb i weddill y tŷ sylwi. Codais o'r gwely a theimlo pwl o wendid. Dechreuodd y stafell droi o'm hamgylch i. Wfftiais wrth feddwl nad fi fyddai'r unig un i ddihuno bore 'ma â phen mawr wedi'r noson gynt. Wnaethon ni ddim gadael Y Fedw nes ei bod wedi dau o'r gloch y bore. Wedi'r cwbl, roedd rhaid dathlu llwyddiant y sioe! Er hynny, do'n i ddim yn cofio yfed llawer. Gadewais fy stafell ac ymlwybro ar·draws y coridor i guro drws y stafell molchi.

'Dylan?' sibrydais. 'Alla i ddod i mewn?'

Doedd dim ateb. Triais y bwlyn ond roedd y drws ar glo. Yn sydyn,

---

**llwyddiant ysgubol** – *sweeping success*

**gwendid** – *weakness*

**bwlyn** – *knob*

teimlais fy mol yn gwegian. Cnociais yn galetach.

'Dylan?'

Ro'n i'n mynd i fod yn dost, felly dyrnais y drws. Agorodd hwnnw mor sydyn nes i fi bron â dyrnu Celyn yn ei hwyneb! Cwympais i mewn i'r stafell molchi gydag un llaw dros fy ngheg.

Celyn oedd y person ola fydden i eisiau iddi fy ngweld i yn y fath gyflwr ond doedd gen i ddim dewis. Estynnais dros y tŷ bach a chwydu fel 'dwn i ddim beth. Er mawr syndod i mi, teimlais law gysurlon ar fy nghefn.

O'r diwedd, syrthiais yn swp sâl ar lawr y stafell molchi. Wedi'i lapio mewn tywel, eisteddodd Celyn ar ochr y bath a phasio clwtyn i fi gael sychu fy wyneb.

'Teimlo'n well?' gofynnodd yn dyner. 'Ti'n moyn gwydryn o ddŵr?'

Ysgydwais fy mhen a syllu arni hi. Am y tro cynta ers i fi gwrdd â hi, gwelais gipolwg o'r Celyn 'annwyl' roedd Nansi wedi'i disgrifio. Edrychodd hithau i ffwrdd yn chwithig.

'Ro'n i eisiau siarad â ti neithiwr,' meddai hi'n dawel, 'ond roedd cymaint o dwrw yn y dafarn ...'

Tawodd ei llais ond ddwedais i ddim gair.

'A dweud y gwir,' meddai, 'dw i'n teimlo cywilydd am y ffordd dw i wedi bihafio.'

Ro'n i wedi disgwyl llif o eiriau cas. Ro'n i wedi disgwyl cael y bai am droi ei mab yn *drag queen* ... ond ymddiheuriad? Do'n i ddim yn disgwyl hynny. Syllais arni a cheisio gweld a oedd hi'n chwarae tric arna i.

'Mae'n flin 'da fi,' meddai Celyn. 'Wnes i dy gamfarnu di'n llwyr. Dw i wedi bihafio'n wael ... ond dw i'n sori, wir.'

---

**gwegian** – *to become queasy*

**cysurlon** – *comforting*

**camfarnu** – *to misjudge*

Do'n i ddim yn gwybod beth i'w ddweud.

'Wnes i siarad â Siôn,' eglurodd. 'Wedodd e dy fod ti wedi bod yn gefn iddo fe. Roedd hynny'n brifo, rhaid i fi gyfadde. Ro'n i wastad 'di meddwl y gallai Siôn ddod ata i am unrhyw beth ... ond os nad oedd e am siarad gyda fi, dw i'n falch ei fod e'n gallu siarad gyda ti. Felly ... diolch.'

O'r diwedd, des i o hyd i fy nhafod.

'Doedd e ddim eisiau dy frifo di,' mentrais, 'ar ôl beth ddigwyddodd gyda'i dad.'

Ochneidiodd Celyn yn ddiamynedd.

'Do'n i ddim yn grac gyda Hedd am fod yn hoyw. Ro'n i'n gandryll am ei fod e wedi rhaffu celwyddau, a charu ar y slei. Ddyle fe fyth fod wedi 'mhriodi i.'

Saib. Aeth llygaid Celyn yn llaith. Cilwenodd.

'Ond tase fe ddim wedi 'mhriodi i, fydden i byth wedi cael Siôn – y peth gorau i ddigwydd i fi erioed.'

Mentrais roi fy llaw dros ei llaw hi.

'Ac roedd e'n wych ar y llwyfan.' meddwn i.

Goleuodd wyneb Celyn â balchder.

'Yn syfrdanol,' cytunodd.

Wedyn, ddwedodd hi rywbeth od iawn.

'Fe fyddi di'n fam dda. Wyt ti wedi dweud wrth Dylan eto?'

Edrychais arni mewn penbleth.

'Dweud *beth* wrtho fe?'

* * *

---

**bod yn gefn** – *to provide support*      **llaith** – *moist*

**yn gandryll** – *furious*

**rhaffu celwyddau** – *to spin a web of lies*

Des i lawr y grisiau mewn niwl o deimladau cymysg. Roedd eisiau llonydd arna i. Roedd angen amser arna i i feddwl. Doedd Plas Mawr ddim yn lle da i wneud hynny.

Roedd y teulu i gyd wrth ford y gegin, yn rhannu jôcs a brecwast mewn awyrgylch cynnes a chydnaws.

'Helô, cariad,' meddai Dylan gan godi o'r ford a 'nghofleidio i'n dynn. 'Mae gyda fi rywbeth i'w ddangos i ti heddi ...' meddai e'n gyffrous.

'All e aros?' gofynnais. 'Mae'n rhaid i fi fynd i'r fferyllfa ... i brynu Alka Seltzer.'

Roedd Dylan braidd yn siomedig ei olwg ond penderfynais y byddai'n well gyda fi esbonio popeth wedyn. Ro'n i ar fin dianc i'r dre pan ddaeth sŵn cnoc ar ddrws y cefn a daeth Lois a Kwame i mewn.

'Bore da, *people!*' meddai Kwame. Wedyn, yn Saesneg, 'Ro'n i jyst eisiau picio draw i ddweud pob hwyl cyn i fi anelu 'nôl am Lundain.'

Mynnodd Nansi fod y ddau'n cael paned o de a brechdan gig moch, wrth i fi sbecian ar fy oriawr, yn meddwl pryd y gallwn i ddianc. Er hynny, roedd hi'n braf clywed canmoliaeth Kwame i Siôn.

'Wir i ti, ro't ti'n wych. Dw i wedi sôn amdanat ti wrth y bòs ar *Make Me a Star* – mae hi'n gofyn i ti ddod i'r clyweliadau fis nesaf.'

Edrychodd Siôn ar ei fam am sêl bendith. Gwenodd hithau'n fodlon.

O'r diwedd, edrychodd Lois ar ei horiawr a dweud ei bod hi'n amser iddyn nhw fynd.

'Ti ddim yn moyn colli dy drên, Kwame,' meddai.

Ro'n i'n gallu gweld o'r ffordd roedd e'n edrych arni hi na fyddai dim ots gydag e golli'r trên chwaith. Ond codi wnaeth e a ffarwelio â'r teulu i

---

**cydnaws** – *congenial*

**fferyllfa** – *chemist*

**clyweliad(au)** – *audition(s)*

**sêl bendith** – *seal of approval*

gyd. Ysgydwodd law Dylan yn fodlon a dweud,

'Ti'n ddyn lwcus, mêt.'

'Dw i'n gwybod,' atebodd yntau.

Cofleidiais Kwame am y tro ola a chau pennod yn fy mywyd.

* * *

Es i i'r dre gan obeithio osgoi gweld unrhyw un o'n i'n nabod. Gobaith ofer. Roedd Mrs Llewelyn, ffrind Nansi, yn gweithio yn y fferyllfa a phan welodd hi beth o'n i'n ei brynu, cododd ei haeliau fel rhai clown.

Ddwy awr wedyn, gyrrais i 'nôl i Blas Mawr. Gwibiodd fy nghar dros lethrau gwyrdd cefn gwlad a minnau'n rhyfeddu at y tro annisgwyl roedd fy mywyd wedi ei gymryd. Er gwaetha pob disgwyl, ro'n i'n hapus. A nawr, roedd darn ola pos fy mywyd wedi syrthio i'w le. Ro'n i'n gallu teimlo fy nghalon yn curo yn fy mrest fel adenydd aderyn bach. Ro'n i ar bigau'r drain am rannu'r teimlad hwnnw gyda Dylan.

Roedd yntau'n aros amdana i pan gyrhaeddais i Blas Mawr, wedi cynhyrfu'n lân – ond am reswm cwbl wahanol i fi. Dim ond dau gam ro'n i wedi'u mentro drwy'r drws cyn iddo fe ddweud,

'Paid tynnu dy got! Gwisga dy welis. Mae gyda fi syrpréis i ti.'

'Ble ni'n mynd?' gofynnais mewn penbleth.

'Os weda i wrthot ti, fydd e ddim yn syrpréis!' ebychodd Dylan wrth basio fy welis i fi.

Roedd Nansi ac Elfed yn sefyll ar ben y drws, ag wynebau gobeithiol.

'Be sy'n digwydd?' gofynnais.

---

**llethr(au)** – *slope(s), hillside(s)*

**gwibio** – *to speed, to dart*

'Gei di weld,' meddai Dylan a chydio yn fy llaw.

Dyma ni'n cerdded mas i aer hwyr yr hydref a theimlo brathiad cynta'r gaeaf yn yr awyr. Roedd y tymor ar fin newid a'n bywydau ni ar fin newid gydag e. Arweiniodd Dylan fi i lawr y lôn igam-ogam sy'n plethu drwy'r goedwig tu ôl i Blas Mawr. Brasgamodd mor glou nes bod angen i fi garlamu i ddal lan gydag e. Cyrhaeddais ben y bryn a 'ngwynt yn fy nwrn, a sylweddoli i ble ro'n ni'n mynd. Er hynny, mynnodd Dylan 'mod i'n cuddio fy llygaid yr un fath.

Do'n i ddim wedi bod i'r safle adeiladu ers wythnosau – roedd gan Dylan ryw esgus o hyd i fi beidio â mynd yno. *Dim calon i gyffesu pa mor araf roedd y gwaith yn dod yn ei flaen*, meddyliais. Felly pan ddwedodd Dylan, 'Alli di agor dy lygaid nawr,' roedd y cyfan yn syndod braf.

Dyna lle roedd e, yn codi'n osgeiddig i'r awyr wen – ein tŷ ni. Ein cartref ni! Roedd yn well na'r hyn ro'n i wedi ei ddychmygu – yn olau a chroesawgar, yn sylweddol ei faint ac eto'n gysurus. Ar dalcen y tŷ roedd hanner cylch o wydr lliw a llythrennau cynta ein henwau wedi eu rhyngblethu.

Neidiais at Dylan a'i gofleidio, ei wasgu tuag ata i'n dynn nes iddo fe dynnu o 'ngafael gan chwerthin a dweud,

'Agor dy law.'

Rhoddodd allwedd arian sgleiniog ynddi a gwenu.

'Croeso adre,' meddai.

Rhuthrais at ddrws y ffrynt yn gyffro i gyd i drio fy allwedd. Agorodd y drws led y pen ond cyn i fi fentro i mewn, gwaeddodd Dylan,

'Stop!'

---

| | |
|---|---|
| **igam-ogam** – *zigzag* | **sylweddol** – *substantial* |
| **gosgeiddig** – *elegant* | **talcen (tŷ)** – *gable-end* |
| **croesawgar** – *welcoming* | |

Daeth ar fy ôl i, a 'nghodi yn ei freichiau, cyn camu dros y trothwy.

\* \* \*

Wedi ymweld â phob un ystafell yn y tŷ, safon ni wrth ffenest y brif stafell wely ac edrych mas dros yr olygfa fendigedig. Disgynnai golau aur yr hydref fel bendith dros y caeau. Plethais fy mraich drwy fraich fy ngŵr.

'Dylan, mae rhywbeth dw i wedi bod yn ei gadw wrthot ti.'

'Y cynnig swydd yn Llundain?' meddai e. 'Dw i'n gwybod – wedodd Kwame wrtha i. Gwranda. Dw i ddim eisiau i ti roi'r gorau i dy yrfa o'm hachos i. Os allwn ni ddelio â dy rieni, dy gyn-gariad a fy chwaer, beth yw dau gan milltir? Bydda i'n gallu dod lan i Lundain ... ac alli di ddod gartre ... bydd popeth yn iawn.'

Doedd dim cyfle iddo fe ddweud mwy achos dyma fi'n rhoi clamp o gusan ar ei wefusau. O'r diwedd tynnais fy hun i ffwrdd a dweud,

'Dw i wedi gwrthod y swydd. Dw i ddim eisiau mynd 'nôl i fy hen fywyd. Dw i eisiau aros yma gyda ti. Mae'n amser am antur newydd ... jyst gobeithio bydd y tŷ 'ma'n ddigon mawr i ni ...'

'Beth?' ebychodd Dylan a'i lygaid yn agored led y pen. 'Mae'r tŷ 'ma'n anferth ... mae'n hen ddigon ar ein cyfer ni'n dau!'

Cydiais yn ei law a gwenu. Roedd hi'n bryd i fi gyffesu.

'I ni'n dau, yn sicr,' cytunais, 'ond beth am i ni'n tri?'

---

**bendith** – *blessing*

**o'm hachos i** – *because of me*

**antur** – *adventure*

## GEIRFA

aberthu – *to sacrifice*

act ddirgel – *mystery act*

adfeilion – *ruins*

adloniant – *entertainment*

adrodd – *to recite*

addoli – *to worship*

ael(iau) – *eyebrow(s)*

afiach – *unhealthy*

angerddol – *passionate, intense*

anghwrtais – *rude*

anghyfarwydd – *unfamiliar*

amheus – *suspicious*

anfoesgar – *rude*

anffyddlon – *unfaithful*

anafiadau – *injuries*

a'n gwynt yn ein dyrnau – *breathless*

anniben – *untidy*

annibendod – *mess*

annibynnol – *independent*

antur – *adventure*

anwesu – *to caress*

anwybyddu – *to ignore*

ar bigau'r drain – *on tenterhooks*

ar drywydd – *on the trail of*

argraff – *impression*

ar ran – *on behalf of*

arswyd – *horror*

atseinio – *to echo*

awenau – *reins*

awyddus – *keen, eager*

bachog – *catchy*

baglu – *to trip*

balchder – *pride*

bargen deg – *a fair bargain*

bendith – *blessing*

bendithio – *to bless*

beudy – *cowshed*

bodoli – *to exist*

bod yn gefn – *to provide support*

boncyffion – *tree trunks*

brasgamu – *to stride*

briwsion – *crumbs*

bronfwydo – *to breastfeed*

bwlch – *gap*

bwlyn – *knob*

byddar – *deaf*

bygythiad – *threat*

byrbwyll – *impetuous, rash*

cachu (3 un. cach) – *to defecate*

cadarn – *firm*

calonnog – *hearty*

camfarnu – *to misjudge*

campweithiau – *masterpieces*

canmoliaeth – *praise*

cantorion – *singers*

carlamu – *to gallop*

carthen – *overblanket*

carthu'i gwddf – *to clear her throat*

cawlio – *to make a mess of*

cefndryd – *cousins*

cegrwth – *open-mouthed, flabbergasted*

cenfigen – *jealousy*

cenfigennus – *jealous*

cesail – *armpit*

cilwenu – *to smirk*

cil y drws – *the edge of the door*

cleisio – *to bruise*

clocsio – *to clog dance*

clogwyn – *cliff*

clos fferm – *farmyard*

clustffonau – *ear protectors*

clyweliad(au) – *audition(s)*

cnaf – *rascal*

cnoi – *to bite*

codiad – *rise, erection*

codi cywilydd – *to embarrass*

consuriwr – *conjurer*

côr mawr – *the front section of a chapel, just under the pulpit*

corwynt – *hurricane*

craffu – *to gaze*

craig o arian – *a rich person (lit. a rock of money)*

crebachu – *to shrink, to shrivel*

crin – *withered*

crochenwaith – *pottery*

croesawgar – *welcoming*

cwpsog – *grumpy*

cwrdd – *religious service*

cydgyflwyno – *to copresent*

cydnaws – *congenial*

cyfarch – *to greet, to address*

cyfarwyddo – *to direct*

cyfnos – *dusk*

cyfrinachol – *secret*

cyfrinair – *password*

cyffes – *confession*

cyffyrddiad – *touch*

cyhyr – *muscle*

cymdogion – *neighbours*

cymeradwyo – *to applaud*

cymodi – *to make up, to reconcile*

cymylu – *to cloud over*

cyn-ddyweddi – *ex-fiancé*

cyn-fòs – *ex-boss*

cyn-gariad – *ex-partner*

cynhyrchydd – *producer*

cynhyrfu – *to excite, to agitate*

cyn lleied – *so little*

cyntedd – *porch, hallway*

cysurlon – *comforting*

cytgan – *chorus*

cytundeb cynbriodasol – *prenuptial agreement*

chwa – *breeze*

chwerthin lond ei bol – *to laugh heartily*

chwilfrydig – *inquisitive*

chwilota – *to rummage*

chwinciad – *a wink*

chwithig – *awkward*

chwyrlïo – *to spin*

chwyrnu – *to snore, to growl*

chwyslyd – *sweaty*

dal dig – *to hold a grudge*

denu – *to attract*

dibyn – *precipice*

didaro – *nonchalant*

di-ddant – *toothless*

diddanu – *to entertain*

dieithr – *strange*

difaru – *to regret*

difrodi eiddo cyhoeddus – *damaging public property*

di-glem – *clueless*

digrifwr – *comedian*

dihangfa dân – *fire escape*

dilledyn – *item of clothing*

di-nam – *flawless*

direidus – *mischievous*

di-ri – *innumerable*

disglair – *brilliant*

disgwylgar – *expectant*

dod naill ochr – *to come to one side*

drwgdybus – *suspicious, distrustful*

dur – *steel*

dwrdio – *to rebuke, to scold*

dyfrgi – *otter*

dynwarediad – *imitation*

dyweddïo – *to become engaged*

ebychu – *to exclaim*

edmygedd – *admiration*

edmygwyr – *admirers*

egin – *buds, shoots*

eiddigeddus – *envious*

Eingl-Sacsonaidd – *Anglo-Saxon*

eithafwraig – *extremist (female)*

Elen Benfelen – *Goldilocks*

ergyd – *a blow*

esgyll – *wings*

ewythrod – *uncles*

fel cath i gythraul – *like a bat out of hell*

fel slecs – *a saying: without limit*

fest rwyllog – *string vest*

fferyllfa – *chemist*

ffreutur – *canteen*

gad dy lap – *shut up*

giamocs – *antics*

glendid – *beauty; cleanliness*

gliniadur – *laptop*

gobaith mul – *not a hope in hell (lit. a mule's hope)*

gobaith ofer – *vain hope*

goglais – *to tickle*

gorhyderus – *overconfident*

gorlawn – *overcrowded*

goruchwylio – *to oversee*

gosgeiddig – *elegant*

grawnwin – *grapes*

griddfan – *to groan*

gwaglaw – *empty-handed*

gwegian – *to become queasy*

gweithdy – *workshop*

gweld eisiau – *to miss*

gweld yn chwith – *to take offence*

gwelw – *pale*

gwendid – *weakness*

gwestai – *guest*

gwgu – *to scowl, to frown*

gwibio – *to speed, to dart*

gwingo – *to squirm*

gwleidyddol – *political*

gwneud/tynnu stumiau – *to pull faces*

gwrach – *witch*

gwyllt gacwn – *furious*

gwyrth – *miracle*

gyrfa – *career*

hambygio – *to bother*

heb fecso taten – *without giving a damn*

hiraeth – *longing*

hoe – *break, rest*

hogi – *to sharpen*

hoyw – *gay*

hunan-barch – *self-respect*

hwb – *boost*

igam-ogam – *zigzag*

ildio – *to yield, to give up*

i'r carn – *to the hilt*

lapswchan – *to kiss and cuddle*

llafarganu – *to chant*

llaith – *moist*

llamu – *to leap*

llawdriniaeth – *surgery*

lleoli – *to locate*

lleoliad – *location*

lletchwith – *awkward*

llethol – *overwhelming*

llethr(au) – *slope(s), hillside(s)*

llifolau – *spotlight*

Llundeinig – *of London*

llwfr – *cowardly*

llwyddiant ysgubol – *sweeping success*

llysenw(au) – *nickname(s)*

merchetwr – *womaniser*

milgi – *greyhound*

minlliw – *lipstick*

modrybedd – *aunts*

moethus – *luxurious*

mud – *mute, silent*

mwclis – *necklace*

mygu – *to stifle, to suffocate*

myn yffach i! – *an exclamation*

newyddiadurwyr – *journalists*

nid wrth ei chynffon mae prynu buwch
– *a saying: looks can be deceiving*

ochneidio – *to sigh*

oferedd – *vanity*

offeryn – *tool*

o'm hachos i – *because of me*

pallu – *to fail*

parhau – *to last, to continue*

pefrio – *to sparkle*

pefriog – *sparkling*

peiriannydd – *engineer*

penbleth – *bewilderment*

pen-campwaith – *greatest masterpiece*

pencampwr – *champion*

pennawd – *headline*

pice ar y maen – *Welsh cakes*

piffian cwerthin – *to giggle*

pigog – *prickly*

pishyn – *a good-looking person*

pitw – *tiny*

plentyndod – *childhood*

plethwaith – *latticework, web*

pryd o dafod – *a telling off*

pwdu – *to sulk*

pypedwr – *puppeteer*

rhaffu celwyddau – *to spin a web of lies*

rhag dy gywilydd – *shame on you*

rhagori – *to excel*

rhwng bodd ac anfodd – *despite oneself*

rhwystredig – *frustrated*

rhyddhad – *relief*

rhyngblethu – *to interweave*

rhythu – *to glare*

sathru ar gyrn – *a saying: to upset*

sathru'n siwps – *to flatten completely*

sêl bendith – *seal of approval*

seld Gymreig – *Welsh dresser*

sgathru – *to scatter*

siarad fel melin bupur – *to talk nineteen
to the dozen (lit. like a pepper mill)*

siriol – *cheerful*

sleifio – *to sneak*

stryffaglu – *to struggle*

swigen – *bubble*

swta – *abrupt*

swyn – *spell*

syfrdan – *stunned, astonished*

syfrdanol – *amazing*

sylweddol – *substantial*

tagu – *to choke*

talcen (tŷ) – *gable-end*

tanllyd – *fiery*

taranu – *to roar*

taro rhech – *to fart*

teclyn clyw – *hearing aid*

tlysau – *trophies, awards*

toes – *dough*

tolc – *dent*

trigolion – *inhabitants*

tro ar fyd – *turn of events*

troi ar ei sawdl – *to turn around*

trothwy – *threshold*

trwch – *(thick) layer*

trwmgwsg – *deep sleep*

trwy gil ei lygaid – *through narrowed eyes*

Tsieinïeg – *Chinese (language)*

tusw – *bunch, bouquet*

twlsyn – *tool*

tylino – *to knead*

wedi syrffedu – *to be fed up*

wfftio – *to dismiss*

ymdopi – *to cope*

ymdroelli – *to meander*

ymennydd – *brain*

ymlusgo – *to trudge*

ymlwybro – *to make one's way*

yn ei ddyblau – *doubled up (with laughter)*

yn ei (h)anterth – *at its peak*

yn gandryll – *furious*

yn gyhoeddus – *in public*

yn sionc fy nghâm – *with a spring in my step*

yn siwgwraidd – *sweetly*

yn y cnawd – *in the flesh*

y Pab – *the Pope*

ysblennydd – *splendid*

ysbrydoliaeth – *inspiration*

ysgall – *thistle*

ysgariad – *divorce*

ysgubor – *barn*

ystum – *gesture*

y werin – *the common people, the folk*

# Un arall yn y gyfres

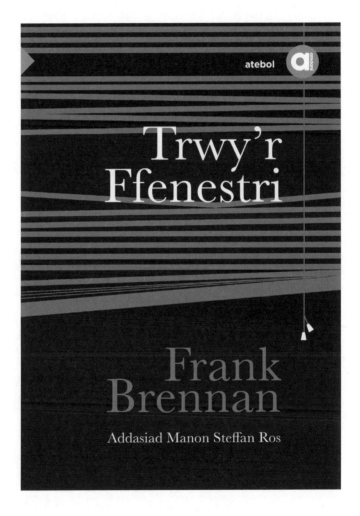

atebol

Trwy'r
Ffenestri

Frank
Brennan

Addasiad Manon Steffan Ros

# Un arall yn y gyfres

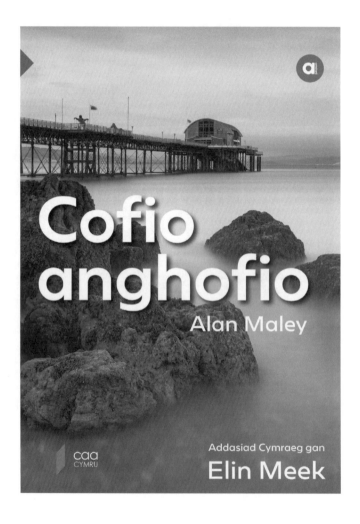

Cofio
anghofio

Alan Maley

caa
CYMRU

Addasiad Cymraeg gan
Elin Meek